国家社会科学基金资助
江苏大学专著出版基金资助出版
江苏大学五棵松文化丛书

校园体育人身伤害事故的风险管理与法律应对机制研究

王武年　姜苑　著

江苏大学出版社
JIANGSU UNIVERSITY PRESS
镇　江

图书在版编目(CIP)数据

校园体育人身伤害事故的风险管理与法律应对机制研究 / 王武年，姜苑著. —— 镇江 ：江苏大学出版社，2022.12

ISBN 978-7-5684-1887-4

Ⅰ. ①校… Ⅱ. ①王… ②姜… Ⅲ. ①学校体育—伤害—风险管理—研究—中国②学校体育—伤害—法律—研究—中国 Ⅳ. ①G807②D922.164

中国版本图书馆 CIP 数据核字(2022)第 221285 号

校园体育人身伤害事故的风险管理与法律应对机制研究
Xiaoyuan Tiyu Renshen Shanghai Shigu De Fengxian Guanli Yu Falü Yingdui Jizhi Yanjiu

著　　者/王武年　姜　苑
责任编辑/许莹莹
出版发行/江苏大学出版社
地　　址/江苏省镇江市京口区学府路 301 号(邮编：212013)
电　　话/0511-84446464(传真)
网　　址/http://press.ujs.edu.cn
排　　版/镇江市江东印刷有限责任公司
印　　刷/江苏凤凰数码印务有限公司
开　　本/890 mm×1 240 mm　1/32
印　　张/7.5
字　　数/216 千字
版　　次/2022 年 12 月第 1 版
印　　次/2022 年 12 月第 1 次印刷
书　　号/ISBN 978-7-5684-1887-4
定　　价/50.00 元

如有印装质量问题请与本社营销部联系(电话:0511-84440882)

前 言

近些年来，校园体育人身伤害事故受到社会各界的广泛关注。频频发生的校园体育人身伤害事故不仅影响了学校体育工作，而且严重束缚了体育教师的手脚，这与国家增强青少年体质健康、推进素质教育的方针背道而驰。针对校园体育人身伤害事故频发的社会热点问题，本书从管理学、法学和社会学的交叉视角，全面分析我国校园体育人身伤害事故的风险识别、评估与管理问题，并从法律和法理层面对校园体育人身伤害事故的认定、归责、处理等问题展开分析和研究。

本书在理论分析和实践研究的基础上，探索建立有效预防和妥善处置我国校园体育人身伤害事故的风险管理体系和法律应对机制，并结合具体案例进行实证分析。最后，结合我国教育管理体制与学校体育教育的实际情况，提出了针对校园体育人身伤害事故有效预防和妥善处置的策略与建议。

全书共九个章节，第一章是导论，主要提出问题，并分析了我国校园体育人身伤害事故的时代背景，阐述了本书的研究设计；第二章梳理了风险管理理论；第三章分析了我国校园体育人身伤害事故发生及处置的现实状况；第四章探讨了美国、日本等发达国家处置校园体育人身伤害事故的方式及其对我国的启示；第五章讨论了我国校园体育人身伤害事故的风险管理问题；第六章分析了我国处置校园体育人身伤害事故的法律适用、责任认定以及存在的不足等问题；第七章探讨了我国校园体育人身伤害事故有效解决的机制，并结合典型案例进行了实证分析；第八章提出了我国应对校园体育人身伤害事故的策略；第九章是本书的研究结论和建议及其局限性。

本书致力于建立校园体育人身伤害事故的风险防范和管控机制，并尽最大可能预防和管理校园体育人身伤害事故的风险，为创建平安校园保驾护航，以解决校园体育人身伤害事故风险管理理论与实践中的不足。本研究有助于推进我国教育法治化进程，为国家在该领域立法提供前期的理论和实践参考，为管理部门制定政策提供研究支持，具有一定的学术价值和实践应用价值。

王武年

2022 年 6 月

目 录

第一章　导　论

第一节　校园体育人身伤害事故问题的提出

党中央、国务院历来高度重视青少年的健康成长，把教育事业定为国之大计、党之大计。改革开放以来，我国学校教育事业蓬勃发展，学校体育工作成效显著，青少年的体质健康、营养状况和形态发育水平均在不断提高。2007 年 5 月，中共中央、国务院发布的《关于加强青少年体育增强青少年体质的意见》（中发〔2007〕7 号）指出："广大青少年身心健康、体魄强健、意志坚强、充满活力，是一个民族旺盛生命力的体现，是社会文明进步的标志，是国家综合实力的重要方面。"①近些年来，随着国家一系列利好政策、意见的相继出台，教育部门和各级学校进一步强化了学校体育的地位和作用，学校体育迎来了前所未有的发展契机，我国青少年体质健康状况下降的趋势得到有效遏制，学生部分体质健康指标稳中有升，向着较好的方向发展。然而，体育运动本身存在一定的风险，在学校体育活动中发生的体育人身伤害事故引发的法律纠纷与日俱增，给学校和体育教师带来一定程度的负面影响，增加了体育教师在体育工作中的担忧，体育课上那些长距离的跑步和激烈的身体对抗项目或被减少或被取消，影响了学校正常体育活动的开展。此外，因害怕承担体育人身伤害事

---

① 中共中央，国务院. 关于加强青少年体育增强青少年体质的意见：中发［2007］7 号［EB/OL］.（2007-05-07）［2022-01-15］. http://www.gov.cn/gongbao/content/2007/content_663655.htm.

故的法律后果，有的学校取消了危险性较大的教学活动项目如单双杠、跳马等，有的学校甚至采取严格限制学生在校期间的活动范围等消极措施来确保学生的人身安全。

近些年来，许多发生在校园里的体育伤害典型案件受到了人们的广泛关注，学生因参加体育运动而发生伤害事故所产生的负面影响较大，使体育教育演变成为我国教育事业发展过程中的痛点和难点。目前，我国教育法治建设相对滞后，在校园体育人身伤害及侵权问题上，相关法律法规有所缺位，校园体育人身伤害在司法实践领域中的矛盾也日益突出。频频发生的校园体育人身伤害事故不仅影响了学校的体育工作，而且严重束缚了体育教师的手脚，降低了体育教学质量，这与国家增强青少年体质健康、推进素质教育的方针背道而驰。体育课在许多学校被空心化和虚无化，原本不受重视的学校体育更加趋于边缘化。如果学校体育教育长期处于这种“因噎废食”的状况，必然会削弱政府致力于提高学生体质健康水平种种努力的效果。

我国教育法制化程度并不高，从目前我国的司法实践来看，对于校园体育人身伤害事故中的归责原则和赔偿，各地法院的判决并不相同，在学理和实践上也存在争议，体育伤害事故责任归属原则如何确定、在各方均无过错时责任如何承担等问题，都需要从法律的角度，结合学校体育的特点进行系统研究。由于我国一直没有出台直接规范校园体育人身伤害的法律法规，因此处置校园体育人身伤害事故只能依据《中华人民共和国民法通则》（简称《民法通则》）和《中华人民共和国侵权责任法》（简称《侵权责任法》）相关条款。教育部颁布的《学校伤害事故处理办法》属于政府部门的规定，在效力及适用范围上远不及法律法规，并且存在与法律基本原理相抵触的地方，使得该文件在解决校园体育人身伤害问题时存在局限性，可操作性不强。此外，我国教育法治建设相对滞后，针对校园体育人身伤害侵权各涉事主体之间的法律关系未能完全理顺，学生、教师、学校各自的法律职责也不是很清晰。司法部门在审理校园体育人身伤害案件时，在选择依据哪种法律条款、如何认定法律责任等问题上也往往存在分歧。从近些年的司法判例来看，无论学校和体育教师是否存在责任或过错，法院的终审判决均是由学校承担一定比例的责任，这种看似公平的法律裁决对学校体育工作的开展产生了消极影响。

由此可见，怎样界定校园体育人身伤害的法律责任，将事故进行妥善处置，切实保障学生、体育教师和学校的权益，保障学校体育活动的正常开展，是我国教育法制化进程中不可避免的问题。这一痛点和难点不从根本上加以解决，我国学校体育的功能就不能得到充分发挥，体育教学、课外活动、体能训练和竞赛等体育教育活动顺利开展的瓶颈就很难突破。因此，尽快建立和完善我国校园体育人身伤害事故的风险管理与法律应对机制，预防和减少校园体育人身伤害事故所带来的负面影响，可以有效缓解长期萦绕在学校和体育教师心头的忧虑和畏惧。

第二节 研究校园体育人身伤害事故的目的与意义

2015 年 10 月，党的十八届五中全会发布公报，将建设健康中国上升为国家战略。为着力推进建设健康中国，2016 年 10 月，中共中央、国务院印发了《“健康中国 2030”规划纲要》，该纲要特别指出，要加大学校健康教育力度，将健康教育纳入国民教育体系[①]。在此背景下，我国学校体育教育迎来了快速发展的新机遇和新契机。但在各级各类学校中仍然不断发生的体育人身伤害事故，却在一定程度上影响和制约着学校体育的健康发展。目前，校园体育人身伤害事故的依法处置问题已经成为一个较为突出的问题，受到教育界、法律界和保险业界的广泛关注，此时需要政府、学校、社会、家庭以及学生的共同关注和面对。党的十八届四中全会提出了“全面推进依法治国”的战略决策，校园体

---

① 中共中央，国务院.“健康中国 2030”规划纲要［EB/OL］.（2016-10-25）［2022-01-15］. http://www.gov.cn/gongbao/content/2016/content_5133024.htm.

育人身伤害事故只有在法治的轨道上才能得以妥善处置，体育教育工作者的畏难情绪也绝对不是一个轻易就能解决的问题，必须从法学、管理学和社会学等角度全方位考量校园体育人身伤害事故中各方的抗辩事由，以消解学校和教师在工作中的担忧，为最终妥善处置校园体育人身伤害事故提供充分的法理依据。因此，从法律的角度并结合学校体育的具体实践，构建我国校园体育人身伤害事故的风险管理与法律应对机制迫在眉睫。随着我国法治建设的不断加强与完善，涉及校园体育人身伤害的侵权问题将逐步得到解决，校园学生体育伤害事故的处置将进一步得到规范和公正。本书的研究有助于推进我国教育法治化进程，为国家在该领域立法提供前期的理论和实践准备，为管理部门制定政策提供研究支持和咨询服务，具有重要的学术价值和实践应用价值。

本书在学校体育工作中引入现代风险管理的理论和方法，致力于建立校园体育人身伤害事故风险防范和管控机制，用于指导各级各类学校的体育安全管理工作，并尽最大可能预防和管控校园体育人身伤害事故的风险，为创建平安校园保驾护航，以解决我国校园体育人身伤害事故风险管理的理论与实践命题。此外，通过对校园体育人身伤害的相关司法实践问题展开探讨和分析，能够为完善该领域的法治建设做出理论贡献。通过研究依法构建一套行之有效的处置我国校园体育人身伤害事故的法律应对机制，以彻底消除学校和体育教师在工作中的担忧，使他们能够全身心地投入体育教育实践，为切实提高我国亿万青少年的体质健康水平服务。本书的研究对我国教育法治化的未来图景予以深刻的阐释，目标是为校园体育的健康可持续发展提供法律保障，这对我国学校体育教育实践具有重要的意义。

第三节 研究特色和创新

一、研究问题的新思考和研究视域的新延伸

由于我国缺失直接规范校园体育人身伤害事故的法律法规，目前在校园体育人身伤害事故的归责问题上还存在诸多疑难点，加之学校监管职能缺位、纠纷解决渠道单一和司法资源不足等痼疾，所以现阶段在应对我国校园体育人身伤害事故难题时需要一种更加宏观的政治视野，即必须从管理学、法学、社会学和体育学等多学科维度综合审视我国校园体育人身伤害问题。本研究在国内处于前沿领域，是一种研究问题的新思考和研究视域的新延伸。

二、司法实践的新探索和问题意识的新提升

本研究依据客观事实和法律法规，对校园体育人身伤害事故适用的法律条款、责任划分和认定等问题进行法理分析，以厘清我国校园体育人身伤害事故这一难题的深层社会因素，同时注重利用多元纠纷解决机制，摒弃滥用公平原则思维，引入免责抗辩的豁免制度，构建以司法为基础的满足各方利益诉求的法律应对机制，为依法治国背景下解决校园体育人身伤害事故案例提供建设性的选择样式。本研究是学校体育安全在司法实践领域的探索和创新，是一种问题意识的新提升。

三、法治意识的再强化和研究价值的新体现

随着我国法治建设的不断加强与完善，涉及校园体育伤害导致的侵权问题将进一步得到规范和公正的处置。广大青少年是祖国的未来和希望，研究建立校园体育人身伤害事故风险管理及其法律应对机制，不仅能够最大限度地预防和管控校园体育人身伤害事故的发生，而且可以消除学校和体育教师的后顾之忧，切实改变我国目前“因噎废食”的体育教育生态环境。本研究成果可以为国家立法和教育管理提供有价值的参考依据，对于切实提高我国青少年体质健康水平具有良好的社会效益，也可以在我国教

育法治意识再次得以强化的基础上体现出新的社会研究价值。

第四节　校园体育人身伤害事故的研究现状

一、校园体育人身伤害事故的风险管理研究现状

（一）国外研究现状

国外对校园体育人身伤害事故的研究起步较早，风险管理理论在各国学校体育伤害事故的处理中也得到了广泛运用。发达国家在这方面做了较为深入的研究，美国、日本、德国、英国等在20世纪80年代末已有较成熟的研究成果出现。其研究的主要关注点在于体育伤害事故的风险防范、风险识别及保险等方面，而对于体育伤害事故的处置，许多国家已经根据本国的情况通过立法和保险的方式来解决这个问题。

20世纪50年代，美国学者对风险管理进行了广泛而深入的研究。20世纪60年代，美国学者梅尔（Mehr）和赫奇斯（Hedges）在《保险手册》一书中提出了“企业风险管理”的概念，在美国和欧洲地区引起了不小的轰动。随后，对风险管理的研究更趋于专业化、系统化，风险管理从经验研究到科学研究，逐渐成为企业管理领域的一门独立的学科。美国学者伯尼·帕克豪斯（Bonnie L. Parkhouse）将研究重点放在监控行为、活动行为和服务行为三个方面，以风险管理操作实践和程序的大纲为基础，确定其存在的情况。科普（Kopp）、坎弗（Kanfer）、佩里（Perry）、威廉（William）等国外学者通过研究认为：体育运动具有的竞争性和身体对抗性等特性均会导致体育人身伤害的自然发生。奥尔登（Olden）认为，德国政府可通过辅助学校的体育保险发展，解决学生人身伤害事故的赔偿资金问题。日本很早就在学校管理工作中开展了风险管理研究，在处理校园体育伤害事故时引入风险管理的理论，全面而详细地明确学校、学生及家长应该承担的义务和责任，且对校园伤害事故进行了细致的划分，并依法依规处置。在日本，政府、公共机构是承担保险费的主

体，具有较为完善的学校体育保险制度，保险的公益性、可操作性很强。英国学者的研究重点则放在风险管理的控制上。在风险管理领域，“risk governance”是学术界比较流行的一个术语，最早在欧洲还成立了专门的“国际风险管理理事会”，处理包括体育伤害在内的风险事故。

发达国家比较注重学校体育风险评估，并归纳出包括人员、季节、着装、组织、设备等九个主要风险因素。针对体育运动伤害进行风险评估的主要环节包括：风险的存在、发生风险的时间、发生风险的频次及概率、风险的严重程度和对风险的控制与检测等。风险的量化评估，是根据概率和严重程度采用评分法对预先确定的风险进行评分，计算出各种潜在风险的分值，从而更加方便确认主要风险因素，进而及时制定方案进行管控，防止风险的发生。①

对于校园体育风险的应对，国外研究主要集中在对人的因素、环境因素、组织管理因素三方面进行有效控制。对于体育教学课堂的潜在风险，国外主要从八个方面对体育课堂风险进行评估：① 体育活动中，哪些人存在风险；② 存在的危险是什么；③ 发生危险的潜在后果；④ 采取的措施；⑤ 风险发生的可能性；⑥ 课程和服务进程会不会被影响；⑦ 在当地采取的措施控制风险；⑧ 谁需要知道这些后果。② 国外将风险管理基本原理广泛地运用到学校体育教学和实践活动当中，如体育活动中发生伤害的概率、学生受伤的严重程度、伤害及其危险性、发生事故的平均次数和人数等都是风险评估时需要考虑的主要因素。③了解学生在体育运动中发生事故的概率、受到伤害的严重程度以及可能出现

---

① 张大超，杨军，李敏．国外体育风险管理最新理论体系与风险应对实践模式研究[EB/OL]．(2009-05-05)．https://www.sport.gov.cn/n322/n3407/n3411/c564443/content.html.

② 张大超，李敏．国外体育风险管理体系的理论研究[J]．体育科学，2009，29(7)：43-54.

③ Hopkins W G, Marshall S W, Quarrie K L, et al. Risk factors and risk statistics for sports injuries [J]. Clinical Journal of Sport Medicine, 2007, 17 (3): 208-210.

的危险后果，及早进行事故预防，是避免发生体育运动伤害最有效的办法。①

从总体上来看，国外非常重视学校体育风险管理工作，从理论到实践均建立了较为完备的校园体育活动风险管控系统，特别是美国、日本、英国等发达国家非常注重立法保护。发达国家专门针对体育运动意外的保险有效抵御了学校体育运动风险，这些国家完善的保险体系中设有专门的体育保险及中介公司，成熟的保险制度已经做到了对学校体育活动的全方位覆盖，有效地保障了参与体育活动的学生，解决了学生积极进行体育锻炼的后顾之忧。风险管理意识的提高依赖于每一名参与成员，一个国家和民族风险管理能力的增强同样依赖于每一名参与者，只有每一名参与者都具备这种意识，全体的风险防范能力才会提高。

（二）国内研究现状

国内关于校园体育人身伤害事故的风险管理研究主要从风险管理的定义、体育运动风险识别、运动伤害风险防范与管控以及体育保险等方面展开。

王迪迪认为，风险管理是一系列用最小代价降低纯风险的程序。一般而言，风险管理过程包括以下六个步骤：风险管理计划，风险识别，风险评估，风险管理决策，风险管理计划实施和检查评估。② 高进认为，关于学校体育运动事故风险，应从体育法、管理心理学、保险学、现代项目管理、运动训练学、风险管理、预测与数理统计等多学科理论方法角度来评估。③巩莲莲将导致运动时发生意外伤害的风险识别分为内部风险和外部风险，体育事件的风险评估要采用定量和定性相结合的方式，而应对体育

① Dvorak J, McCrory P, Kirkendall D T. Head injuries in the female football player: incidence, mechanisms, risk factors and management [J]. Bulletin-British Association of Sport and Medicine, 2007, 41 (Suppl 1): i44-i46.

② 王迪迪. 学校体育安全风险管理探究［D］. 北京：北京体育大学，2011.

③ 高进. 太原市中学生体育活动伤害事故的风险管理［D］. 太原：山西大学，2005.

风险通常可采用风险回避等多种方式。①

陈立春认为，针对校园中学生体育运动的风险管控是一个整体的方案，及时分析学生发生伤害事故的地点和原因，以及如何有效控制和确定哪些风险因素是可以接受的，从而对学校运动伤害的风险进行有效的把控预防。② 田旻露、魏勇认为，学校体育风险管理是指制定和实施风险管理方案，对学校的体育活动进行及时的管控，从而规避伤害事故的发生以及不必要的损失，学校体育过程中的风险管理是以“防范措施”为理念的科学管理方法。学校体育风险主要分为体育教学风险和课外体育活动风险两大类。③

校园体育事故风险造成的后果责任可以归纳为五大类：学校责任、学生责任、其他相关人员责任、混合型责任和不可抗力事件责任。石岩、侯蝉莉针对风险意识的形成，认为风险认知是前提条件，要想达到提高风险意识的目的，提高对体育风险的认知水平是最有效的途径。④古维秋认为，评估学校体育教学的风险应当采取定性和定量相结合的方式。⑤ 其他一些学者将风险管理理论与工具引入学生体育伤害事故的管理，分析了学生体育活动伤害事故的风险规避等问题，并认为完善的学校体育保险机制是学生体育运动伤害责任社会化的有效途径。

国内对校园体育伤害事故风险管理的研究大多是对风险管理理论的简单移植，未使用风险管理分析工具进行系统研究，关于

---

① 巩莲莲．体育事件的归咎原则与风险管理：学校体育伤害事件［J］．湖北体育科技，2013，32（11）：1025-1027.

② 陈立春．中小学体育伤害事故的风险管理［D］．长春：吉林体育学院，2010.

③ 田旻露，魏勇．简论学校体育伤害事故的风险［J］．首都体育学院学报，2008，20（5）：35-37.

④ 石岩，侯蝉莉．体育活动风险认知特征及其影响因素的理论研究［J］．体育科学，2008，28（10）：66-73.

⑤ 古维秋．体育教学中伤害事故的风险管理［J］．首都体育学院学报，2007，19（2）：102-104.

校园体育伤害事故对体育教育及教师影响方面的研究涉足较少。随着学校体育事业的发展，校园体育活动必将积极开展，如何有效地管控校园体育活动风险是应对学生体育伤害的重要环节，但我国在这方面的研究相对来说还略显不足，与发达国家的学校伤害事故管理水平之间存在较大差距，有必要进行深入、细致、全面的研究。

二、校园体育人身伤害事故的法律应对研究现状

（一）国外研究现状

国外对校园体育人身伤害事故的法律应对研究主要集中在伤害事故的责任认定、法律界定、归责赔偿，体育教师的非语言行为以及法律条款的制定等方面，特别是在分析校园体育人身伤害事故的法律赔偿、归责与过错原则及其产生的影响等方面研究较多。校园体育伤害事故法律应对机制在 19 世纪中叶就出现在欧洲，一些发达国家在 20 世纪中后期就建立了一套相对完备的学校意外事故赔偿法律体系，最具有代表性的国家有美国、日本、德国和加拿大等。

美国学者的研究主要集中在体育伤害事故发生的法律动因、归责原则、赔偿责任、侵权行为以及当事各方责权关系等方面。科普（Kopp）、坎弗（Kanfer）、佩里（Perry）、威廉（William）等学者认为，体育运动具有的竞争性和身体对抗性等特性均会导致体育人身伤害的自然发生。保罗（Paul）、沃尔特（Walter）、加斯帕德（Gaspard）、克莱姆（Gramer）等学者通过研究认为，过错责任是认定校园体育伤害事故的关键因素，应该用侵权法对校园体育伤害进行裁决，并以过错责任原则审理学生体育伤害诉讼案件。在美国，学校运动伤害事故过错责任原则的构成条件为：① 学校实际上没有依法履行职责；② 实际发生的人身伤害事故；③ 学校未能履行法定义务和发生的人身伤害之间存在紧密的关系，即存在实质性的因果关系，学校只对教师的工作负责。[①]

---

① 童宪明．美日加中幼儿园事故法律责任的比较研究［J］．早期教育（教师版），2009（4）：21-22.

运动伤害事故赔偿主要依赖于体育保险，美国的体育保险非常繁荣，这是一个完美而专业的商业保险计划，体育风险可以通过体育保险转嫁和解决。

日本在处理校园体育伤害事故时引入了风险管理的理论，全面详细地规定了学校、学生、家长的职责，对校园事故进行了细致的归类，并依法处置。由于日本地理位置特殊以及自然灾害频发，安全教育已成为日本学校体育教育指导思想中不可缺少的独特要素。在处理校园体育伤害事故时，体育教师是否承担运动伤害事故的责任取决于其是否履行职责。为了便于赔偿，日本早就建立了体育伤害事故赔偿制度，并且主要通过各种保险来实现，如日本在20世纪60年代建立了学校体育运动伤害赔偿的共同保险制度。在日本，应对学校运动伤害的最佳途径是学校体育保险。日本的学校体育运动意外伤害保险制度具有很强的互助公益特质，政府建立了一套完善的学校管理者赔偿责任保险体系。①日本的学校基本上加入了学校的灾难互助保险，而且他们的保险项目繁多，覆盖范围广泛，遇到人身伤害事故能够迅速地应对与处理。②

有学者从侵权行为的角度研究了加拿大校园体育伤害事故的审理，对加拿大学校体育运动意外事故的责任划分原则进行了深入的探讨和分析。在加拿大，学校事故主要是从侵权的角度来看的，他从监护责任、违反监护意外标准、造成一定伤害三方面阐述了法律责任。对于学校来说，教师有特殊的监护责任。这样，法院判定教育者是否有过错，有必要考虑教育者是否违法或违规。③因此，在加拿大，学校事故认定的原则主要包括细心家长原

① 周爱光．日本学校体育保险现状的研究［J］．体育科技文献通报，2006，14（2）：37.

② 张国斌．中国与发达国家学校体育保险比较研究［J］．宜春学院学报，2009，31（4）：41-43.

③ 曾庆欣．国外学校体育伤害的防范处理对我国的启示［J］．河北师范大学学报（教育科学版），2011，13（8）：52-55.

则、替代责任原则、连带责任原则以及相应的可操作性原则。根据认真的父母原则、另类原则和共同过失原则，判断学校董事会和教师在学校事故中是否存在过错和过错的大小，以确定相应的责任主体，从而对损害赔偿进行补偿，这已成为在解决这些纠纷时应遵循的一般原则。① 在具体责任的划分上，要将学生在操场上发生意外伤害和运动性损伤两种情况进行区分。在操场上运动发生意外伤害的，在责任认定时要检查学校是否有完善的监管制度、监管教师是否履职等，如果答案是否定的，那么学校和监管教师也需要承担责任。此外，加拿大有一个大学互惠保险公司，它是一个专门针对学校体育运动风险的特殊教育保险公司，只处理大学保险事务，可以有效转移体育伤害的风险。

澳大利亚对体育运动伤害的法律处理经历了由最初的侵权责任为主到自愿承担运动伤害风险的转变。②奥尔登（Olden）研究了德国政府通过减免税、补贴保险费、设立运动风险金以及降低保险公司经营成本等措施促进学校体育运动意外保险的发展，以解决学生人身伤害事故的赔偿资金问题。韩国则通过学校安全协议会来处理校园体育伤害事故，该协议会主要对赔偿对象、赔偿程序、支援方法、赔偿的种类、不赔偿的情况以及过失相抵等进行裁决。针对学校体育运动意外事故，韩国教育主管部门于2004年颁布了《学校安全事故预防及赔偿特别法》，目的就是通过政府财政给予受到伤害的学生适当的经济赔偿，以减轻学生及其家庭的负担，保障学校体育教育活动的正常开展。③

总之，日本和美国等国家根据国情、历史和文化背景的特点，不断完备关于校园体育人身伤害问题的相关法制体系建设，

---

① 姚利．加拿大学校事故立法对我国学校体育伤害事故认定和预防的启示［J］．中国学校体育，2003（4）：63-64.

② 刘兴，马小华．澳大利亚、中国体育运动伤害典型案例分析［J］．广州体育学院学报，2014，34（2）：15-17.

③ 李磊．江西省普通高校学生体育伤害事故的现状及对策研究［D］．南昌：南昌大学，2009.

体现出社会公众及政府对在校青少年学生生命的尊重。在学校事故赔偿和救济方面，各个国家有着不同的表现形式，但都清楚地界定了家庭、学生、学校、教师各主体间的法律关系，各方需要承担的法律职责和范围边界明晰，对校园体育事故的处理都有特殊的法律规定和保护机制，而且他们正在寻求最合理和最公平的赔偿法律制度，即在确定事故原因和责任的同时，为了实现肇事者的无辜责任和社会保险形式，建立了以国家或自治政府为主体的赔偿救济制度，以国家资金等作为主要赔偿金。

（二）国内研究现状

国内研究主要从学校体育伤害事故的界定、致因、分类，以及从法理的角度对事故的认定、归责、处理与赔偿等方面展开。通过搜集和梳理相关资料，发现该研究主要集中在三个方面：一是对校园体育伤害事故的界定。张厚福、申德峰、陈华荣、谭小勇等从体育教学、课堂管理、课外活动以及训练与竞赛等方面发生的学生意外人身伤害对“校园体育伤害事故”进行了界定。二是学生体育伤害事故的致因与伤害预防。陶纪民、龚雪梅、王岩、杨继君等从学校体育的施教相联、师生行为、场地器材、自然氛围和心理变因等方面分析体育伤害事故的致因，并提出相应的预防建议。三是学校体育运动意外事故的认定、归责和赔偿。汤卫东、白莉、张力、于秀英、任亚莉、田雨、谭实等从学校与学生的法律关系、民事侵权、司法应对、归责与赔偿原则以及规制立法等方面加以全面地梳理与思考，呈现出一些较有价值的研究成果。

张育明认为，我国现行的学校体育立法比较落后。首先，相关性的立法数量有限。现行有关处理学校运动伤害的法律法规包括《中华人民共和国民法》（简称《民法》）、《中华人民共和国体育法》（简称《体育法》）、《中华人民共和国高等教育法》（简称《高等教育法》）等，这些法律法规中有些规定涉及学生体育活动伤害，但内容并不全面，质量并不高，大部分法律条款过于模糊，没有足够的针对性。一旦发生体育活动意外伤害事故，很难找到有力的法律法规作为支撑，这往往会引起很大的争议。其次，立法层次比较低。根据法律规定，教育部颁布的《学生伤害事故处理办法》作为部门规章制度，在效力和适用范围上远不如法律法规有效，只能作为法院法官判断的参照，与《民法》的某些原则也存在矛盾之处。①

李霞、张超慧通过对体育伤害法律责任原则（无过错责任原则、过错责任原则和公平责任原则）进行分析，探讨了体育伤害赔偿、法律责任和救济措施等多方面的问题，并对体育活动伤害事故的侵权责任归属原则进行了剖析。研究指出，应当确定过错责任原则，规定无过错责任原则、公平责任原则的适用范围，这三个归责原则的调整范围也应明确界定。应当明确的是，过错责任原则是归责的基本原则，无过错责任原则、公平责任原则是对过错责任原则的进一步补充，调整范围的原则是有限的。②

邹志俊认为，在面对学校体育运动伤害事故责任归属问题时，要确定学校或学生是否存在过错，这里首先要弄清楚学校应该承担什么责任，学生在学校里应该遵守什么规定。只有明确了责任主体和责任范围，最终才能落实事故责任，明确赔偿事宜，维护各方的合法权益。国家需要尽快制定关于确定学校体育伤害赔偿责任的法律规定。在处理学校体育意外事故时，要按照相关法律的规定和原则，以过错原则为主，以公平原则为辅，明确是非责任，明确责任原则，这样才能确保学校对校园体育人身伤害事故做出公平合理的处理，促进学生这一特殊群体的身心健康发展。③

长期以来，国内学者在发生校园体育运动意外事故后的责任

---

① 张育明．高校体育伤害事故处理与预防机制的法理研究［D］．北京：北京体育大学，2011.

② 李霞，张超慧．体育伤害责任认定及法律救济［J］．西南民族大学学报（人文社科版），2004，25（6）：235-236.

③ 邹志俊．学校体育伤害事故责任认定之法律分析［J］．西安体育学院学报，2004，21（4）：99-100.

归属上的意见并不统一。按照现存的资料可以看出，他们的观点主要分为三个方向：一是无过错责任原则、过错责任原则（包括过错推定原则）以及受益人补偿原则和公平原则。[①]二是风险承担理论是体育伤害事故责任认定的基础。[②]三是责任归属的基本原则是明确过错原则，无过错责任原则与公平原则是相辅相成的，是一种在一定范围内可调整的有限原则。总的来说，假设发生运动伤害且在法律上没有明确依据的情况下，这些能够为问题的解决提供一定的法律和理论依据，但它们在一定程度上都不是完美的。从我国现行法律来看，第二个责任归责原则以风险承担理论为基础，作为处理事故的理论支撑，它并不是全面的。因此，我国体育活动发生意外事故归责原则的适用，应以我国的具体国情和当前社会的法治观念和司法现状为基础。否则，不仅可能导致事故处理不当，还会给社会带来消极的影响。

郭秀晶分析了在北京市各级各类学校发生的203例校园体育运动意外伤害诉讼案件的审理与判决情况，对法院责任认定的原则进行了归纳与分析。[③]林清华、郭秀晶分析北京市各级法院对校园体育人身伤害事故的判决发现，法院在中小学体育意外伤害事故责任认定方面，将过错责任原则作为责任划分的主要依据，而公平原则在大多诉讼案件中作为补充使用。[④] 赵毅的相关研究认为，我国法院在大学生体育伤害的裁判立场上在公平责任和自担风险之间摇摆。[⑤]

---

① 叶卫兵，吕俊．体育比赛中人身伤害的归责原则［J］．体育学刊，2004，11（6）：23-25.

② 赵豫．体育人身伤害侵权纠纷的法律适用探讨［J］．中国体育科技，2004，40（3）：23-26.

③ 郭秀晶．从203例司法判例看学校体育伤害事故诉讼中的归责问题［J］．中小学管理，2011（6）：27-29.

④ 林清华，郭秀晶．学校体育伤害事故的法律分析：司法实践的视角［J］．现代教育管理，2014（5）：56-61.

⑤ 赵毅．高校学生体育伤害判例二则：法解释学的视角［J］．首都体育学院学报，2014，26（2）：119-122.

唐勇对 84 起校园体育伤害案件及 91 份民事裁判文书进行了法理研究，对法院在审理案件中属于法律适用方面的问题进行了探讨和分析，重点对我国《侵权责任法》第 38 条和第 39 条的应用范围进行了梳理。①

总体上看，以上成果反映了学术界对校园体育人身伤害研究的问题意识和学术景观，且从不同侧面对我国校园体育人身伤害事故的应对与处置做出了重要的贡献。如今，基于人们不断增强的法律维权诉求意识，在校园体育伤害这样一个关涉众多利益要素与多学科交叉综合的复杂研究领域，已有的研究成果在系统性和实践性上略显不足，相关经验材料的解释力在不同校园体育伤害判例中也值得进一步考量。具体表现在：大多研究视角单一，没有综合考虑学校、教师、学生的法律关系以及体育运动风险的不可控因素；对责任的划分与认定以及善后赔偿的研究存在浅尝辄止的现象，提出的处置措施实践性不高；伤害事故的认定在司法实践和学理上的探索主要集中在归责原则方面，但提出的观点并非一致；法院判例中存在着学校和教师在无过错的情况下，由学校、学生和体育教师按照公平原则承担责任的情况，将学校和教师的责任扩大化；在校园体育伤害风险管理方面大多是对风险管理理论的简单移植，未使用风险管理分析工具进行系统研究；对校园体育伤害事故对体育教育及教师的影响方面的研究涉足较少。

第五节　研究设计

一、研究对象

（一）理论研究对象

本研究以我国各级各类学校学生体育人身伤害事故的风险管理与法律应对机制为理论研究对象。

---

① 唐勇．我国学校体育伤害案件的司法实践与法理评析：基于 91 份民事裁判文书的统计分析［J］．武汉体育学院学报，2016，50（4）：61-67.

（二）实证研究对象

本研究以我国各级各类学校（不含幼儿园）发生体育人身伤害事故的学生为实证研究对象。

二、研究思路

（一）相关概念界定

1. 校园体育人身伤害事故的界定

依据2015年教育部颁布的《学校体育运动风险防控暂行办法》，本研究将校园体育人身伤害事故界定为：学生在学校组织开展或组织参与的体育教学、课外体育活动、课余体育训练、体育比赛中，以及在学校负有管理责任的体育场地、器材设施自主开展的体育活动中发生的、造成人员身体较为严重的损伤、伤害或伤亡事故。①

2. 实证研究对象的法律界定

（1）民事行为能力界定

依据《民法通则》②，根据公民不同年龄智力发育的不同状况或者公民的精神健康状况，我们将实证研究对象——发生校园体育人身伤害事故的在校学生分为完全民事行为能力人、限制民事行为能力人和无民事行为能力人三种。所谓“民事行为能力”，是指独立行使民事权利和承担民事义务的资格和能力。

18周岁以上的公民是成年人，具有完全民事行为能力，可以独立进行民事活动，是完全民事行为能力人。

16周岁（含16周岁）以上不满18周岁的公民，以自己的劳动收入为主要生活来源的，视为完全民事行为能力人。

16周岁（含16周岁）以上不满18周岁的公民，不以自己的劳动收入为主要生活来源的，视为限制民事行为能力人。

10周岁（含10周岁）以上不满16周岁的未成年人是限制民

① 中华人民共和国教育部．学校体育运动风险防控暂行办法：教体艺［2015］3号［EB/OL］.（2015-05-15）［2022-02-05］. http://www.moe.gov.cn/srcsite/A17/moe_943/moe_946/201505/t20150515_189495.html.

② 2009年8月27日第十一届全国人民代表大会常务委员会第十次会议修正。

事行为能力人，可以进行与他的年龄、智力相适应的民事活动；其他民事活动由他的法定代理人代理，或者征得他的法定代理人的同意。

不满10周岁的未成年人是无民事行为能力人，由他的法定代理人代理民事活动。

（2）刑事责任年龄界定

刑事责任年龄，根据《中华人民共和国刑法》[①] 第17条第1、2、3款的规定，划分为完全负刑事责任年龄、相对负刑事责任年龄和完全不负刑事责任年龄三种。

完全负刑事责任年龄：已满16周岁的人对所有犯罪行为应承担刑事责任。

相对负刑事责任年龄：已满14周岁不满16周岁为相对负刑事责任年龄。已满14周岁不满16周岁的人，犯故意杀人、故意伤害致人重伤或者死亡、强奸、抢劫、贩卖毒品、放火、爆炸、投毒罪的，应当负刑事责任；除上述犯罪行为外，不满16周岁的人犯其他罪行不负刑事责任的，责令他的家长或者监护人加以管教，在必要的时候，也可以由政府收容教养。

完全不负刑事责任年龄：14周岁以下为完全不负刑事责任年龄。对不满14周岁的人所实施的危害社会的行为，概不追究刑事责任。

另外，《中华人民共和国刑法》规定：已满14周岁不满18周岁的人犯罪，应当从轻或者减轻处罚。

（二）研究内容

本研究从管理学、法学和社会学的交叉视角，运用现代风险管理理论与工具，全面分析我国校园体育人身伤害事故的风险甄别、评估与管理问题，并从法律和法理的角度对校园体育人身伤害事故的认定、归责、处理等进行深入的研究。在理论分析和实践研究的基础上，参考国外校园体育人身伤害事故处置的方式和

---

① 1997年3月14日第八届全国人民代表大会第五次会议修订。

经验，探索建立一套行之有效的预防和处置我国校园体育伤害事故的风险管理体系和法律应对机制，并进行实证分析。最后结合我国教育管理体制与体育教育的实际情况，从宏观、中观和微观三个层面提出针对我国校园体育人身伤害事故有效预防和妥善处置的策略与司法政策建议。本研究由理论分析、实践研究和对策探索三个层面相互印证、有机结合构成研究的总体框架，主要包括八个方面，核心内容为以下六个方面。

理论分析之一：梳理风险管理理论的内涵、主旨思想、内容体系、理论工具运用等基础性理论问题，依据现行相关法律、法规和教育部规定来界定“校园体育人身伤害事故”的概念。

理论分析之二：借助现代风险管理的理论和工具，深入分析我国校园体育人身伤害事故发生的原因、类型及社会负效应等问题，识别和评估校园学生体育活动的安全风险，探索建立校园体育人身伤害事故的风险防范与管控体系，构建处置校园体育人身伤害事故的理论分析框架。

实践研究之一：结合典型案例，深度考证我国校园学生体育伤害事故的处置变迁以及不同时期的处置方式方法，分析我国校园学生体育伤害事故处置的实际状况与问题所在，探究影响和制约我国校园体育人身伤害事故得以有效处置的深层主客观因素。

实践研究之二：分析美国、日本、德国等发达国家处置校园体育人身伤害事故的做法与策略，结合我国教育管理体制和体育教育的实际，深入探索我国校园体育人身伤害事故的风险管理和有效应对的最优理念和方法。

实践研究之三：结合我国司法制度，以法律和事实为依据，从民事侵权的法律、法理层面深入分析我国校园体育人身伤害事故适用的法律依据、归责原则与赔偿机制等法律问题，进一步探索我国校园体育人身伤害事故得以有效处置的法治措施、保险保障、赔偿救助等实效运作机制，并结合典型案例进行实证分析。

对策探索之一：在理论分析和实践研究的基础上，深入探讨与我国教育管理体制相一致的校园体育人身伤害事故有效处置的途径和策略，进一步从宏观、中观和微观三个层面提出我国校园体育人身伤害事故的应对策略与司法政策建议。

（三）研究框架

依据研究思路，拟定本研究的基本框架如图 1-1 所示。

三、研究方法

（一）理论研究方法

本研究宏观上采用归纳和演绎相结合、定性和定量相结合、分析和综合相结合，以及静态和动态相结合的理论研究方法。

1. 归纳和演绎相结合

通过对国内外风险管理的理论与方法、校园体育人身伤害侵权法律的研究进行归纳、分析与评价，从一般规律的总结到具体运用于我国校园体育人身伤害事故的预防和处置等问题中，演绎拓展现代风险管理理论及其工具、方法，构建校园体育风险管理的理论方法体系。从社会学、法治视角观测与审视校园体育伤害各利益主体司法诉求的社会基础，构建应对校园体育人身伤害的理论分析框架。

2. 定性和定量相结合

在理论分析的基础上，通过深度访谈、案例考察等方式搜集信息，深入分析校园体育人身伤害事故的致因和风险，并对我国校园体育人身伤害事故的现状进行整体研究。通过问卷调查采集数据，采用社会学统计软件对调查结果进行定量分析，为构建我国校园体育人身伤害事故风险管控机制以及有效处置校园体育伤害事故的法律机制提供客观依据。

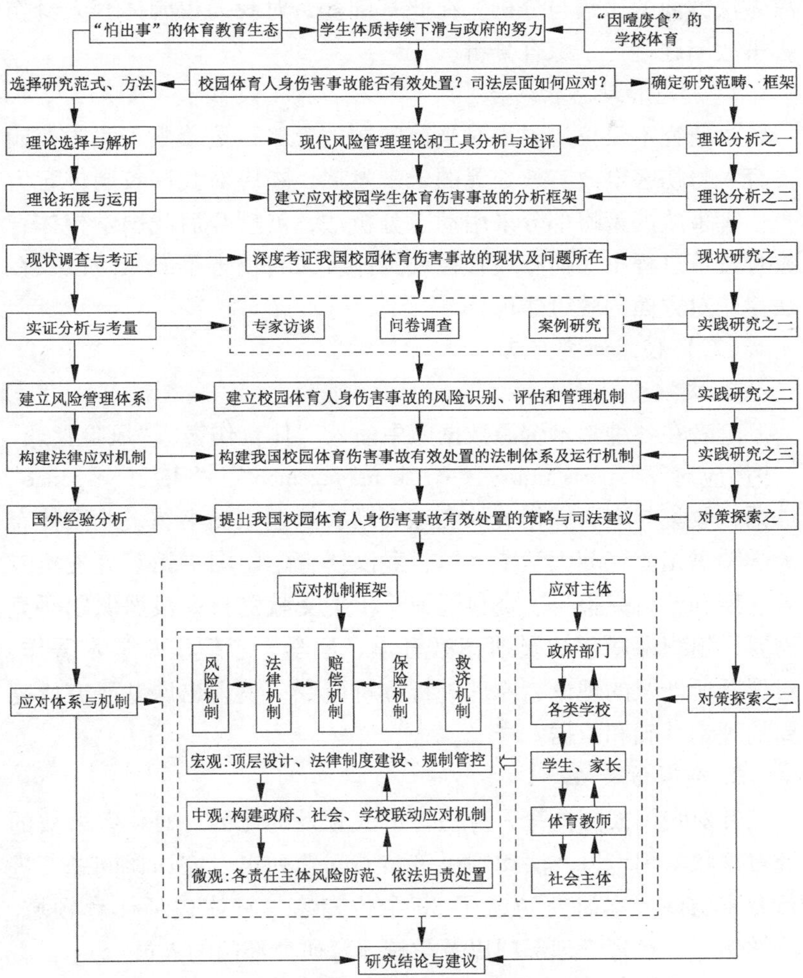

图 1-1 研究基本框架

3. 分析和综合相结合

本研究不仅着眼于国内校园体育人身伤害事故和其他领域人身伤害侵权问题的比较与分析，而且从宏观和微观两个层面展开我国与美国、日本、德国等发达国家在处置校园体育人身伤害事故做法方面的比较与分析。在此基础上，对我国校园体育人身伤害事故问题进行了综合分析。

4. 静态和动态相结合

本研究不仅仅局限于对当前问题的考量，更着眼于我国校园体育人身伤害事故有效处置的未来发展，在应对我国校园体育人身伤害事故的策略部分采用动态分析法，展望今后我国学校体育教育改革过程中如何有效管控校园体育人身伤害事故风险以及在法律应对方面的政策建议。

（二）技术研究方法

1. 文献资料法

笔者在各种学术资源数据库中输入“体育伤害”“风险管理”“法律应对”“sports injury”“risk management”“ legal response”等词，收集与本研究相关的文献资料；从国家图书馆、北京体育大学图书馆、江苏大学图书馆、武汉体育学院图书馆等处搜集专著、期刊、研究报告、资料汇编等相关文献资料；根据课题研究需要，组织课题组成员研读教育学、法学、管理学等学术著作，对课题所涉及的理论、原理进行分析研究，整理出课题研究所需要的理论基础和依据。

2. 专家访谈法

针对我国校园体育人身伤害事故频发的原因、对伤害事故的处置现状与困境以及法律判决等核心问题列出专家访谈问题，进行专家访谈。本研究访谈了 30 余位专家，具体包括体育领域、法学领域、教育管理部门以及学校体育研究部门的人员。

3. 问卷调查法

为了全面了解我国校园体育人身伤害事故的基本情况，体育教师、学生对校园体育人身伤害事故的意见和想法，以及如何有效防范和处理校园体育人身伤害等相关问题，笔者设计了校园体育人身伤害事故的风险管理与法律应对机制调查问卷（学生卷：附录 A；体育教师卷：附录 B），并进行了多次修改和完善。针对该学生问卷和体育教师问卷拟定了调查问卷效度专家评价表（见附录C)，在调查问卷发放之前，邀请了8位专家对调查问卷的内容效度、结构效度和整体设计进行评价。专家成员中有教授4人、副教授4人，其中有4人具有博士学位。专家评价结果(见表1-1、表1-2)表明，本研究设计的两份调查问卷均具有较高的内容效度和结构效度，整体设计合理。

表1-1 学生问卷效度评价结果（$N=8$）

评价程度	非常合适	合适	基本合适	不合适	很不合适
内容效度	6	2	0	0	0
结构效度	4	3	1	0	0
整体设计	5	2	1	0	0

表1-2 体育教师问卷效度评价结果（$N=8$）

评价程度	非常合适	合适	基本合适	不合适	很不合适
内容效度	5	2	1	0	0
结构效度	6	2	0	0	0
整体设计	5	3	0	0	0

2017年5月至12月，课题组通过“问卷星”对部分体育教师进行了调查，共回收问卷130份。经核实，130份问卷全部为有效问卷。同期对江苏省部分高校学生、高中学生进行了现场问卷调查。为了使调查顺利实施，保证调查质量和效果，课题组通过学校班主任协助完成了学生调查问卷的实施。调查总计发放学生问卷280份，回收268份，回收率为95.7%，其中有效问卷242份，有效率90.3%。

采用小样本重测法，对学生调查问卷进行信度检验，经计算，两次问卷填写选择重复率为85.2%，表明调查结果可信度较高，符合调查要求。

4. 数理统计法

利用Excel将调查数据及结果进行汇总分析，借助SPSS19.0

统计软件对所获数据进行统计分析。

5. 案例研究法

案例是理论观点实证的重要组成部分。本研究选取了我国许多有代表性的校园体育人身伤害案例进行实证分析，深刻剖析了我国校园体育人身伤害事故的法院审理和法律判决等相关问题，并通过与国外发达国家校园体育人身伤害事故的判例进行对比分析，为建立有效处置我国校园体育人身伤害事故的法律机制提供实证依据。

6. 博弈分析法

博弈论用于研究在利益相互影响的局势中，理性的局中人为了其利益最大化而选择采取何种策略以及这种策略的均衡的问题。本研究利用博弈论，客观分析我国校园体育人身伤害事故中的各种复杂关系和各方利益诉求，进而提出针对我国校园体育人身伤害事故有效预防和妥善处置的策略与司法政策建议。

第二章 风险管理理论

第一节 风险概述

一、风险的概念与内涵

随着社会化生产程度的提高，人与人之间原来较为松散的社会联系变得十分紧密，人们对自身安全的需求也进一步提高。然而在日常生活和社会经济活动中，人们时常要面对各种各样大大小小的风险，这些“险情”不仅给人们的心理带来了不安和困惑，而且往往使他们遭受身体上的伤害甚至危及生命。因此，如何识别风险、控制风险，减少和避免风险造成的损失或损害显得尤为重要，这也是一个需要认真研究的重要问题。

风险的普遍性与人们的自身利益紧密相关。从字面上理解，某一事件未来不确定的结果就是风险的基本内涵。关于风险的概念，国内外学者从不同学科的理论观点、研究视角并结合实践运用进行了阐释，尽管尚未形成一个适用于所有领域的定义，但近些年来，国内外学术界对风险内涵的认识基本上形成了一定的共识，大致可概括为如下几个方面：其一，风险是某一事件未来不确定的结果。其二，风险是损失的大小或损害发生的程度。其三，风险是风险构成要素相互作用的结果。其四，风险是特定危险情况发生的可能性和后果的组合。其五，风险是对事件未来结果期待的偏离。①

---

① 刘新立．风险管理［M］．北京：北京大学出版社，2006：9.

基于已有的对风险概念的思辨，学者们在对风险定义时主要有以下两种认识：第一，把不确定的事件定义为风险。第二，把事件预期与实际结果之间的差距称为风险。随着对风险管理理论研究的不断深入，学者们逐渐把这两种观点结合起来诠释风险的概念，既强调事件的不确定性，又强调事件的不确定性带来的损害。这种综合性的定义普遍被人们所接受，所以也逐渐被我国大多数专家接受。基于上述分析，本研究比较认同的风险定义为：风险是指在特定的时间、空间以及其他与之相关的条件下，某一事件未来结果发生的不确定性，并由此导致的损失或损害发生的可能性。该风险定义具有两个层次的基本内涵：其一，强调了风险发生的不确定性；其二，强调了风险给人们带来的损失或损害。这两个层次可分别用不同的指标来衡量，对于第一层次的风险，可以用概率来衡量风险的不确定性；对于第二层次的风险，则可以用风险度来衡量风险的各种结果差异给风险承担主体带来的损失。①

二、风险的特征

无论是自然界还是人类社会，风险都客观存在于世界的各个角落，且不以人的主观意志的变化而改变，尽管人们可以采取相关措施对预见的风险加以管控，但却不能完全避免风险。风险在自然界和人类社会客观存在，可见风险具有“事事有”“时时有”的特征，即风险具有普遍性。风险的定义虽然强调了风险发生的不确定性，但这种不确定性的表现形式是多样的，包括风险能否真正发生、发生的时间、发生的空间以及造成损失的不确定性。在现实生活中，只有当某一事件未来结果的不确定性导致可能发生损失或损害时，这件事才能作为风险。风险发生必然会导致一定的损失或损害，一定的损失或损害与风险存在必然的联系。也就是说，一定时期某个事件风险发生的概率与其造成的损失或损害程度之间具有一种必然性，可见损失或损害是风险的另一个重

① 范道津，陈伟珂．风险管理理论与工具［M］．天津：天津大学出版社，2010：2.

要特征。

尽管风险客观存在于自然界和人类社会，但风险在一定条件下可以转化。随着社会的发展，人们对风险的认识不断深入，抵御风险的能力不断增强，人们能够改变和控制某些风险发生的环境和条件，使得风险的性质发生变化，最终使风险在一定的空间和时间范围内被消除，因此风险在某种情况下具有可变性。此外，对于不同的风险承担主体，同一事件风险发生的程度和造成的损失往往会有明显的差别。也就是说，不同的人处于相同的风险中最终结果也许会不同，可见风险具有相对性特征。再者，现实社会生活中，社会、组织和个人都处在一定的社会关系网络之中，这种社会关系使得风险通过信息、社会、组织和个人在一定范围内扩散和传播，即风险具有传递性。风险的传递往往具有社会扩大效应。

基于以上分析，风险具有客观性、普遍性、潜在性、不确定性、损失性、可变性、相对性、可预测性和传递性等诸多特征。

三、风险发生的过程与机理

任何事件的发生必然有其内在的因果关系，既然风险是在特定的时空以及相关条件下发生的，那么事件风险的发生必然存在着相关的诱导因素以及内在的因果关系。一般来讲，风险的发生过程可以分为风险的形成、风险的发生和风险损害三个阶段。大量的风险因素进行组合且不断变化的动态过程就是风险的形成过程。风险因素是导致风险事件发生的重要诱因和前提，也是可能导致潜在损失或损害的征兆。风险形成后，随着风险因素的不断增加、变化，当其成熟时，即导致风险事故的发生，这一过程称为风险的发生。风险一旦发生，就带来一定的损失或损害，包括财物、身体或精神损害等。[①]

风险发生的过程显示了风险形成的机理，同时也表明了风险的构成。风险发生的机理可以用风险因素、风险事故和损失损害

---

① 姜梅英．中国山地户外运动风险防范机制研究［D］．北京：北京体育大学，2013.

组成一条因果关系链条。① 认识风险构成要素的内在规律和关系是研究风险管理的基础，在对风险发生过程和机理进行深刻剖析的同时认识风险发生的作用链，对于管控风险、降低风险损失十分重要。图 2-1 所示的风险形成过程和机理链条较为清晰地展现了风险发生的动态过程。

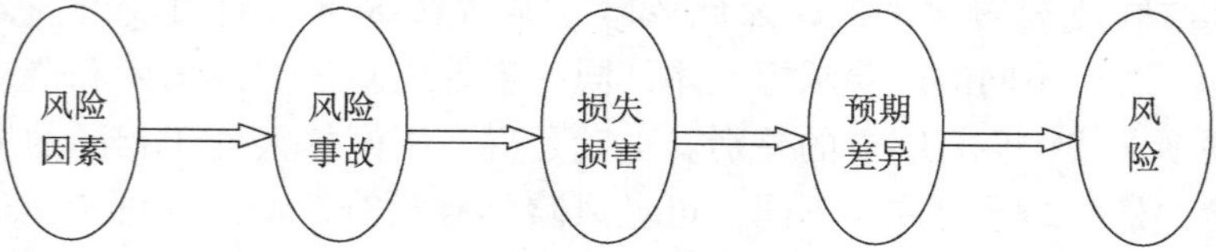

图 2-1　风险形成过程和机理链条

风险是由风险因素诱发的，并最终通过风险事故表现出来。风险导致损失或损害的大小则以事件发生的实际结果与预期结果之间的差异来衡量，因此，风险因素、风险事故、损失损害构成了风险能否客观存在的基本条件。在风险形成过程和机理链条关系中，若某一风险因素引发了风险事故，则它就是引起风险事故的直接原因，而发生的风险事故又成为导致损失或损害发生的可能。②

四、风险的分类

风险因素的多样性和风险事故的发生以及造成损失的不确定性，决定了风险存在着不同的形态。在社会经济生活中，人们在各个领域始终遭受着各种风险的威胁，认识和区分各种风险形态并及时做出正确的预判和调控，对于人们规避风险进而最大限度地减少风险带来的损失和损害非常重要。国内外学者按照不同的标准、从不同的角度、根据不同的需要对风险进行了多种分类。归纳起来，比较常见的分类方法见表 2-1。

① 范道津，陈伟珂．风险管理理论与工具［M］．天津：天津大学出版社，2010：3.

② 王健康．教学风险管理研究［D］．长沙：湖南师范大学，2012.

表 2-1 风险的常见分类方法

分类依据	风险类别	风险性质与含义
按照风险产生的后果	纯粹风险	是指不能带来机会、没有获得利益可能的风险，包括人身风险、财产风险、责任风险和他人过失造成的风险（如违约风险）四类
	投机风险	是一种既有损失可能也有赢利可能的风险
按照风险产生的环境	静态风险	是指自然力的不规则变动或人们行为的错误或过失所导致的风险。静态风险一般与社会的经济、政治变动无关，在任何社会条件下都是不可避免的
	动态风险	是指由社会经济或政治的变动所导致的风险

对于个体和社会来说，静态风险都是纯粹损失，一般均为纯粹风险。通常静态风险造成的损失只影响到少数个体，静态风险的发生在一定条件下服从概率分布，具有一定的规律性。纯粹风险中的责任风险是指按照法律规定，由行为人的过失造成他人损失或损害的，行为过失人承担赔偿责任。① 动态风险发生时，一部分个体可能有损失，另一部分个体却有可能获利，但从社会总体上看不一定有损失产生。发生动态风险有时甚至导致受益影响广泛，带来连锁反应，并无规律可循。动态风险包含纯粹风险和投机风险。②

第二节 风险管理

一、风险管理的概念

风险客观存在于自然界并伴随着人类社会的发展，而风险管理是人类为了生存必然要采取的措施，是社会生产力和科学技术发展过程中必然会出现的产物。风险管理理论起源于美国，20 世

① 许谨良．风险管理［M］．3 版．北京：中国金融出版社，2006：4.

② 顾孟迪，雷鹏．风险管理［M］．2 版．北京：清华大学出版社，2009：18.

纪60年代美国的一些学者开始对风险管理展开系统研究。经过半个多世纪的研究、探索和实践，以风险识别、风险评估、风险决策、风险监控为主线的完整知识体系已经形成。随着各种管理工具在风险管理实践中得到运用，风险管理不仅仅被看作一门技术或管理过程，更被看作一门独立的管理学科，成为人们对各种控制风险的措施与手段加以综合利用的科学管理方法。

风险管理的概念最初产生于社会经济领域，主要是指经济单位通过对可能存在于经济生产活动领域的风险进行识别和衡量，并采用相应的经济和技术手段及时应对和管理风险，尽量规避风险造成的损失，并期望能够以最小的成本来获得最大安全保障的一种管理行为。1952年，美国学者格拉尔（Russen B. Gallagher）在其调查报告《费用控制的新时期——风险管理》一文中首次提出并使用“风险管理”一词。1964年，美国学者威廉（William）和汉斯（Hens）在其著作《风险管理与保险》中指出，风险管理就是对潜在风险因素加以识别、测量和控制，使风险导致的各种损失降低到最小程度的一种科学管理方法。这一定义当时在学术界得到了广泛的认可，后来在实践运用中，许多西方学者又从实务的角度对风险管理的内涵和外延提出了补充和修正意见。简单地讲，风险管理就是人们对潜在的风险进行识别、评价、控制和处理的一种管理活动。风险管理往往可以借助可确定的管理成本来控制不可确定的风险成本，管理的最终目的是以较小的经济代价换取最大的安全保障。① 风险管理的管理主体可以是个人、家庭、社会团体或企事业单位等，从其管理过程来看，风险的识别、分析及评估是风险管理的基础，而选择正确合理的风险管理办法是关键，以最小的投入产生最具安全性的结果则是其最终目的。②

综合分析国内外学者对风险管理内涵和外延所做的各种论

---

① 姜梅英．中国山地户外运动风险防范机制研究［D］．北京：北京体育大学，2013.

② 李晓林，何文炯．风险管理［M］．北京：中国财政经济出版社，2001：65.

述，笔者认为下面的定义较为准确和全面地涵盖了风险管理的核心要义，即风险管理是研究风险发生规律和风险控制技术的一门新兴管理学科，各经济单位通过风险识别、风险衡量、风险评价，优化组合各种风险管理技术，对风险实施有效的控制和对风险所致损失的后果进行妥善处理，期望达到以最小的成本获得最大安全保障的目标。[①] 首先，该定义明确了风险管理不仅仅是一种管理方法，而是已成为一门新兴的管理学科。其次，该定义阐明了风险管理的基本内容、管理方法和操作程序，并指出各种管理技术的优化组合、综合运用是实现管理目标的重要环节。最后，该定义强调了人们进行风险管理的最终目标就是以最小的成本实现最大的安全保障。社会生活实践中的风险管理最主要的目的在于消除或规避低风险发生的不确定性，而且对风险进行管控时必须考虑管理代价，付出成本和代价过高的风险管控活动是没有必要的。[②]

二、风险管理的流程和内容

国内外的不同学者对风险管理的流程有着不同的认知和界定。一般来说，风险管理的工作流程包括风险识别、风险估计、风险评价、风险决策、风险监控和风险处置等诸多环节。在现实生活中，风险管理的有些环节和步骤可以根据具体情况合并执行。在应对和处置风险的过程中，虽然各风险主体和经济单位在具体执行时有所不同，但上述基本环节和过程都是需要的。本研究结合应对和处置风险的通行做法以及风险管理的主线思路，将风险管理流程归结为风险识别、风险评估、风险决策和风险监控四个不可或缺的工作环节。

（一）风险识别

风险识别就是通过风险调查与分析，对组织或经济单位所面临的风险的类别、形成原因及影响进行预先的识别。风险识别的

---

① 范道津，陈伟珂．风险管理理论与工具［M］．天津：天津大学出版社，2010：16-17.

② 王迪迪．学校体育安全风险管理探究［D］．北京：北京体育大学，2011.

主要任务就是辨认本经济单位面临哪些风险，并确定各种风险的性质及危害程度，分析可能发生的损失或损害以及造成危害的程度。风险识别是整个风险管理工作的基础和起点，风险管理的其他环节工作都必须以风险识别的结果为基础而开展。风险识别的重要性在于，如果不能准确地识别和辨明经济单位所面临的各种风险，就会错失规避这些潜在风险的时机，也就不能有效地对风险进行控制和处理。在风险识别时首先要明确风险识别的对象，然后选取适当的风险识别方法，按照一定的原则识别出风险主体中可能存在的风险，并对面临的风险属性做出科学的判断。

社会生产实践中的风险识别过程主要包括两个环节：一是查找风险源；二是找出风险因素向风险事故转化的条件。在查找出风险源之后，找出风险因素向风险事故转化的条件是非常重要的。只有弄清楚风险的转化条件，并在转化的链条中加以干预，才能有效控制风险的转化，有效降低风险的发生以减少损失。① 风险识别主要包括感知风险和分析风险两方面的内容，感知风险是风险识别的基础，而分析风险则是风险识别的关键步骤，两者相辅相成、互相联系。

（二）风险评估

风险评估是指对识别出的风险做进一步的分析、衡量与评价，对风险事件给人们的生活、生命、财产等各个方面造成的影响和损失的可能性进行量化评估。也就是说，风险评估就是量化测评某一风险事故给人们或经济单位带来的影响或损失的可能程度。在社会生产实践中，风险评估包括风险估计和风险评价两个密切相关的工作步骤，这两个工作步骤在风险管理过程中可同时进行。风险估计是在风险识别的基础上对风险认识的深化，往往是对单个风险发生的概率和损失的不确定性进行定量分析和描述；风险评价则是指采用系统科学的理论和方法，对风险事件造成的损失或损害的可能性、影响范围、严重程度以及应对策略等

---

① 范道津，陈伟珂．风险管理理论与工具［M］．天津：天津大学出版社，2010：29.

进行全面的评价。

在识别出可能存在的风险后，为规避风险或尽可能减少风险造成的损失或降低其损害程度，就需要对风险进行全面的估计与评价，衡量风险可能造成的损失及其对总体期望目标的影响，为进一步的风险决策和管控提供信息和依据。由于风险具有不确定性、可变性等特点，因此在社会生产实践中对风险进行评估是比较复杂的。风险评估的主要任务包括：识别导致风险发生的各种风险因素；评估经济单位面临的各种风险，确定它们的等级和先后顺序；估算风险发生概率以及风险可能导致的损失大小或损害程度；探寻不同风险之间相互转化的条件以及经济单位承受风险的能力；推荐风险应对和消减风险的对策；等等。

(三) 风险决策

风险决策是指根据风险评估的结果，通过综合分析和预判，选择能够有效控制风险发生或防止风险升级的科学决策过程。风险管理决策是指根据风险管理的目标和宗旨，在科学分析和评估风险的基础上选择合理的风险管理工具，进而制定风险管理总体方案和行动措施。风险管理决策不能脱离风险管理目标，即必须遵循以最少的费用支出，获得最大的风险管理效果或安全保障效益。①

在风险管理的工作周期中，风险处理手段的选择与风险识别、风险评估是制订风险管理工作计划的基础，风险管理决策直接影响风险管理的最终成效。由此可见，风险管理决策是整个风险管理工作的核心环节。风险管理决策包含四个方面的基本内容，即风险信息决策、风险管理方案计划、风险管理方案选择和风险管理方案评价。风险管理决策就是应对风险和处置风险的过程。社会生产实践领域的风险处置方法有很多，比较常用的有风险规避、风险自留、风险转移和风险分散等。影响风险管理决策的因素不仅包括客观因素，而且涉及个人情感以及价值判断等主

---

① 王晓群．风险管理［M］．上海：上海财经大学出版社，2003.

观因素。客观因素如信息不对称、决策机制不健全等；主观因素如决策者的能力不足，受情绪、成见的影响导致判断失误等。因此，在风险管理决策中将各种风险处置方法综合运用才能更有效地消减由风险导致的损失或损害程度。

（四）风险监控

风险监控就是在风险管理过程中对风险识别、风险估计、风险评价等环节进行全程监测和控制，并根据风险变化及时调整风险管理规划或风险应对措施，以确保风险管理达到预期的目标。在风险管理实施过程中，即便是风险识别、风险评估及风险管理决策非常仔细、全面，也不可能把所有的风险都认识清楚，往往会遇到难以预料的情况，因此必须监控各种风险的变化情况。风险监控包括风险的监测和控制两个部分。风险监测包括两个方面的主要任务：一是对已识别风险的变化情况进行全程跟踪和监视，并及时识别进程中的新风险；二是对风险管理实施计划和应对措施的有效性进行评估。风险控制则是在风险监测的基础上，根据风险管理决策计划所实施的规避风险、防止损失或损害发生的工作规划和应对措施，并根据风险的变化情况决定是否重新调整风险管理工作规划以及是否启动相应的应对措施等。在特定的时间段，风险监测和风险控制往往交替进行，即监测到新的风险后必须马上采取相应的控制措施，而一旦风险发生变化或消失后应立即调整风险应对措施。因此，在生产实践领域，风险监测和控制一般需要整合在一起实施。风险监控是风险管理过程中不可或缺的一项重要工作，监控风险实际上是监控项目的进展和项目环境，也就是项目的实时变化情况。风险监控可以对项目的启动、实施和验收的全过程进行全方位的监测和控制。

以上风险识别、风险评估、风险决策和风险监控四个重要环节构成了风险管理工作过程的主线思路。虽然各经济主体都有自己的特点，在生产实践中所遭遇的风险也不同，但风险管理的这些基本环节都是需要的。在实践当中，风险管理的许多决策往往依靠人的工作经验、直觉判断和归纳演绎而做出，因此整个风险管理既涉及科学的数量分析方法和技术手段运用，又涉及人的管理艺术，是科学手段和人文艺术的统一。风险管理的一般过程如图 2-2 所示。

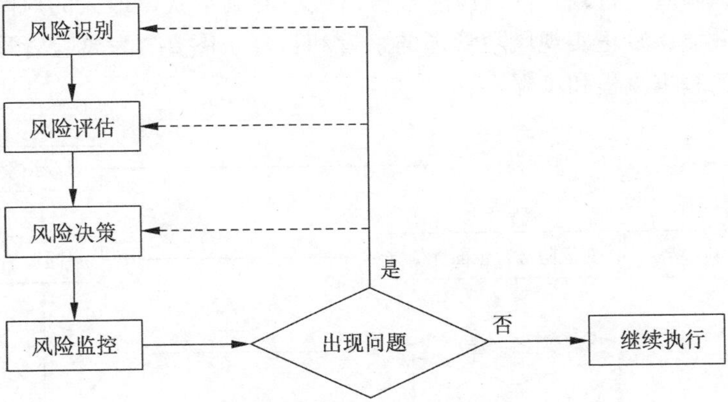

图 2-2　风险管理的一般过程

三、风险管理的实施

从风险管理的一般过程来看，风险管理过程是一个动态的循环系统。风险管理的具体实施步骤包括风险管理计划的制订、实施和调整三个阶段。风险管理计划是经济单位进行风险管理的重要工具，是全部风险管理过程的基本环节，因此，制定周全的风险管理计划以及将其高效率地贯彻实施是风险管理工作取得成效的重要步骤。风险管理计划的主要内容包括设置风险管理组织、风险识别、风险估计与评价、风险处置方案的安排等。[①] 制订好风险管理计划后，就要在生产实践领域贯彻落实工作计划，并在实践中检验计划的可行性，风险管理计划的落实需要有风险管理组织作保证。在风险管理计划实施过程中，组织方管理人员要全程做好指导、检查、监督、信息反馈、评估和决策等工作。现代动态风险管理的思想要求组织者要根据风险环境的变化及时调整

① 范道津，陈伟珂．风险管理理论与工具［M］．天津：天津大学出版社，2010：23-28.

风险管理计划和策略，一旦发现新的风险或风险发生变化、既定的风险管理计划不适应实际风险管理的要求和目标，以及风险处置方案不符合实际情况等，风险管理组织者就需要及时优化和调整风险管理计划，使得风险管理以最小的成本获得最大的风险控制效益，真正实现风险管理的宗旨和目标。图 2-3 为风险管理实施的基本流程和步骤。

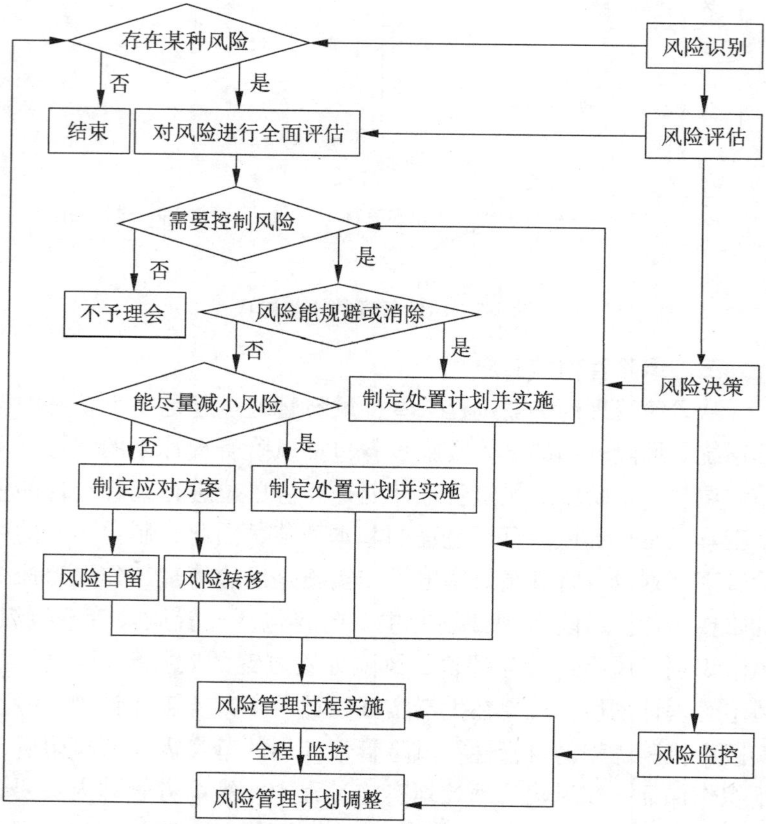

图 2-3　风险管理实施的基本流程和步骤

本章小结

前期理论的分析和基础理论的建构是科学研究过程的重要步骤。本章研究以风险的内涵与概念为切入点，以风险分析—风险管理—风险管理的实施为逻辑主线，在分析风险的内涵、特征、类型及风险发生的过程与机理的基础上，全面分析了风险管理的流程、内容及实施等基础性理论问题，并初步构建了课题研究需要的较为完整的风险管理理论体系，为研究我国校园体育人身伤害事故的风险管理问题奠定理论基础和分析框架。

研究认为，风险是指在特定的时间、空间以及其他与之相关的条件下，某一事件未来结果发生的不确定性并由此导致的损失或损害发生的可能性。风险的定义包含了两个层次的基本内涵：其一，强调了风险发生的不确定性；其二，强调了风险给人们带来的损失或损害。通过分析发现，风险具有客观性、普遍性、潜在性、不确定性、损失性、可变性、相对性、可预测性和传递性等诸多特征。风险因素、风险事故、损失损害构成了风险客观存在的基本条件。在风险因素、风险事故和损失损害三者组成的因果关系链条中，风险因素的产生或增加造成了风险事故的发生，是引起风险事故的直接原因，而风险事故的发生又导致了损失损害发生的可能。按照风险后果的不同，风险可分为纯粹风险和投机风险；按照风险产生的环境，风险可以分为静态风险和动态风险。

目前，风险管理已经形成了以风险识别、风险评估、风险决策和风险监控为主线的完整知识体系，成为研究风险发生规律和风险控制技术的一门新兴管理学科。风险管理流程可直观地归结为风险识别、风险评估、风险决策和风险监控四个主要阶段，并成为风险管理工作过程的主线思路。在风险管理的工作周期中，风险识别是整个风险管理工作的基础和起点，风险管理的其他环节都必须以风险识别的结果为基础而开展；风险评估则为进一步的风险决策和管控提供信息和依据；风险决策与风险识别、风险评估是制订风险管理工作计划的基础，风险决策直接影响到风险管理的最终成效，是整个风险管理工作的核心环节；风险监控则是对风险识别、风险估计、风险评价等环节进行全程监视和控制，以确保风险管理达到预期的目标。风险管理过程是一个动态的循环系统，风险管理的具体实施步骤一般包括风险管理计划的制订、计划的实施和及时调整三个阶段。

第三章　我国校园体育人身伤害事故分析

第一节　我国校园体育人身伤害事故概述

一、校园体育人身伤害事故的界定

为保障我国近3亿名（截至2018年，我国共有约2.67亿在校生，不含幼儿园）在校学生的身心健康发展，切实维护学校教育秩序，我国教育行政部门已经相继颁布了10多项有关学校安全工作的政策、法规。这些政策和法规的出台，在为学校教育事业构筑安全防护墙的同时，也有力地推动了我国教育法制化的进程。教育部在2002年颁布了《学生伤害事故处理办法》，有针对性地就如何预防学生在校学习期间人身意外伤害事故的发生以及发生后如何处理等问题做出了明确规定，该《办法》自2002年9月1日起施行。[①] 在学生伤害事故中，因体育活动而造成的人身伤害事故占到绝大多数。伴随着人们法律维权意识的进一步增强，近些年来校园体育人身伤害事故引发的法律纠纷与日俱增，这在一定程度上影响和制约了我国校园体育的健康发展。为预防和管控校园体育人身伤害事故风险，进一步明确校园体育活动中学校、教师、学生各方的职责和权益，2015年教育部根据《义务教育法》《未成年人保护法》《侵权责任法》等法律，颁布了《学校体育运动风险防控暂行办法》，进一步对在校学生参与体育

① 中华人民共和国教育部．学生伤害事故处理办法：教育部令第12号［EB/OL］.（2002－06－25）. http://www.moe.gov.cn/srcsite/Aoz/s5911/moe_621/200206/t20020625_81855.html.

活动的安全风险防控工作提出明确要求。

依据教育部《学校体育运动风险防控暂行办法》第 2 条的规定，结合本研究重点关切那些后果较为严重的人身伤害事故，笔者将校园体育人身伤害事故界定为：学生在学校组织开展或组织参与的体育教学、课外体育活动、课余体育训练、体育比赛中，以及在学校负有管理责任的体育场地、器材设施自主开展的体育活动中发生的造成人员身体较为严重的损伤、伤害或伤亡事故。① 从以上校园体育人身伤害事故的界定可以看出，只要发生地是在校园内的，不管是学校有组织的还是无组织的，也不管是有教师在现场组织课堂教学、课余训练和体育比赛等活动，还是学生在课余时间自发进行的体育活动中发生的伤害，均属于校园体育人身伤害事故的范畴。

二、校园体育人身伤害事故的现状

在校园体育人身伤害事故中，因参与体育活动而发生的伤害事故占了相当大的比例，这与体育活动本身所具有的运动性、激烈性、对抗性、竞争性和不可确定性息息相关。校园体育人身伤害事故已成为影响学校体育深化改革和良序发展的机制性障碍之一。刘昌俊在 2017 年提交的全国政协提案《关于建立学校体育运动伤害事故处理保障机制的建议》中提到，全国每年有近 1.4 万名大中小学生因参与学校体育活动而受到不同程度的意外伤害。随着健康中国战略和全民健身活动的不断推行，我国校园体育正呈现出参与人数增多、活动内容丰富、竞技对抗升级等新特征，由此带来的校园体育人身伤害事故及赔偿纠纷也随之频现，引发社会各界的广泛关注。这些校园体育伤害事故有的是学生在体育课活动时受伤，有的是在体育竞赛或课外活动时发生，但无论是受伤学生及其家庭，还是任课教师及学校，都在这一起起校园伤害事故中忧心忡忡，颇显无奈。校园体育人身伤害事故

---

① 中华人民共和国教育部．学校体育运动风险防控暂行办法：教体艺［2015］3 号［EB/OL］.（2015-05-15）. http://www.moe.gov.cn/srcsite/A17/moe_943/moe_946/201505/t20150515_189495.html.

发生后，实践中对于责任的认定倾向于强调学校责任，学生家长向学校往往提出超出法律规定的诉求和较高数额的赔偿请求。目前，我国还缺乏有效的第三方调解与仲裁机构，在校园体育人身伤害事故处理中学校必须直接面对受伤害方，加上有些处置应对措施不专业、不到位，往往导致学校和受伤害方产生对立情绪，很难通过协商达成一致。此外，一些学生家长考虑到司法诉讼烦琐的程序以及不愿意耗费时间和精力，在学生在校期间发生体育运动伤害后，往往选择到学校以“非法闹校”的方式给学校施压，与学校博弈，希望获得最大限度的经济补偿。但这种“闹校”行为是对学校正常教学秩序的严重扰乱，是对学校合法权益的故意侵犯，必须予以禁止和打击，从而维护学校正常的教学秩序。

近些年，在学校体育活动中发生的体育人身伤害事故引发的法律纠纷与日俱增，给学校及体育教师带来一定程度的负面影响，增加了体育教师在工作中的担忧。体育课上那些长距离的跑步和身体对抗激烈的项目或被减少或被取消，影响了学校原本正常开展的体育活动。特别是那些危险性较大的教学活动，如单双杠、跳马等传统体育项目几乎全部被取消，一些学校甚至出现了采取严格限制学生在校期间的活动范围等消极措施来确保学生的安全。我国校园体育人身伤害事故日益受到社会各界的关注，它所带来的负面影响不断凸显，并成了我国教育事业发展过程中的难点和痛点，随之引发的社会关注、学界反思，更将校园体育人身伤害事故及其赔偿等问题置于教育改革背景下有了更多的显微镜式的审视。表 3-1、表 3-2 是本研究所调查的体育教师和学生所在学校发生的体育人身伤害情况。表 3-1 显示 61. 5%的体育教师所在学校发生过较为严重的体育伤害事故，表 3-2 则显示 35. 5%的学生在参与学校体育活动时发生过运动损伤或运动伤害事故，可见我国校园体育人身伤害事故的发生率比较高。

表 3-1 体育教师所在的学校是否发生过较为严重的体育伤害事故情况

选项	小计	比例
发生过	80	61.5%
没发生过	40	30.8%
不太了解	10	7.7%
本题有效填写人次	130	

表 3-2 学生在参与学校体育活动时是否发生过运动损伤或运动伤害事故情况

选项	小计	比例
发生过	86	35.5%
没发生过	128	52.9%
记不清了	28	11.6%
本题有效填写人次	242	

校园体育活动本身具有一定的风险性，其原因在于体育是一种通过身体实践来自我提升的教育过程，这一过程伴随着技能的习得和体质的提升，同时也伴随着各种伤害情况的可能发生。近年来，校园体育伤害事故频频发生，已成为社会关注的热点话题，同时也是困扰学校体育深化改革的一大顽疾。在梳理文献的过程中笔者发现，校园体育伤害事故在校园学生意外伤害事故中的占比处于首位，而骨折则是最常见的伤情。① 总体上看，我国校园体育人身伤害事故有以下几个明显的特点：第一，初中生特别是初一学生是校园体育意外伤害事故的高危人群，其中男生损伤率明显高于女生。② 第二，受伤的部位常见于踝关节、膝关节

① 李爱铭．沪中小学生安全情况发布：开学前送“安全锦囊”［N］．解放日报，2012-02-06（4）．

② 施红，李恩．中学生篮球运动损伤状况分析［J］．实用预防医学，2009，16（4）：1120-1121.

和手指，受伤性质多为韧带损伤和肌肉拉伤。① 第三，对受伤时间段的调查显示，在体育课中受伤占 42.6%，在课外体育活动中占 22.8%。② 第四，易发生伤害事故的运动项目是篮球和足球。③ 表 3-3 是本研究调查的发生在校园体育活动中的学生运动伤害事故的严重程度情况，有超过 30.8%的校园体育伤害造成了学生比较严重的运动损伤或伤害事故。

表 3-3　学生在校园体育活动中发生过的运动损伤或伤害事故的严重程度

选项	小计	比例
非常严重	10	7.7%
比较严重	40	30.8%
一般	36	27.7%
不严重	13	10.0%
一般性损伤	31	23.8%
本题有效填写人次	130	

从体育活动安全系统和安全防范体系出发，对学生体育活动的安全风险防范进行分析，引发校园体育人身伤害事故的主要原因可归纳为四类：第一，教师的不当教学行为引发的伤害事故，主要有教师课堂责任心不够、违反教学规律、安全保护措施准备不够、对学生提出过高的要求，以及疏于检查场地安全或使用器材不当等。第二，学生自身原因导致的意外伤害事故，主要包括学生行为风险和自我保护风险，比如参与力不能及的运动，或未

① 陈雅玲．中学生运动损伤调查与分析［J］．广州体育学院学报，2003，23（3）：25-26.

② 施红，李恩．中学生篮球运动损伤状况分析［J］．实用预防医学，2009，16（4）：1120-1121.

③ 王冬菊．对郑州部分学校中学生篮球运动损伤现状的调查及分析［J］．群体·研究，2009，17（7）：102.

充分热身，或身体处于伤病期间甚至包括自身特异体质或特定疾病却并未告知教师等情况。第三，因场地器材设施因素造成意外伤害事故，包括场地上有不符合国家标准或规定以及明显存在的不安全因素、体育器材存在严重质量问题没有及时更换、场地管理安全制度存在明显疏漏、体育器材安装不科学或放置不合理，以及包括游泳池水质污染、场馆空气不流通等其他因素。第四，学校管理不力也是造成学生体育运动意外伤害事故的主要因素之一。学校对体育教学和课外体育活动的安全检查不到位不规范、对学生体检及体检结果的重视程度不够、对学生参加校园体育活动的安全保障认识不充分或者对策不具体等，都是引发校园体育伤害事故时学校层面没有尽到相应责任的表现。

第二节　我国校园体育人身伤害事故的处置变迁及不同时期的处置方式方法

随着我国改革开放的不断深入，人们的法律维权意识日益加强，校园体育人身伤害事故所带来的安全问题受到各方关注。伴随着国家法治建设的推进和教育管理部门颁布有针对性的规章制度，我国校园体育人身伤害事故处置的法制化建设也逐步得以完善。1986 年，我国制定的《义务教育法》中引用了《宪法》的相关规定，将“培养青少年全面发展”作为教育工作的根本方针，把保护学生列为教师的职责。1988 年，原国家教委再次明确要求加强对学校的安全管理，任何一个非正常伤亡的学生都要向上级教育主管部门上报。1991 年，以保护未成年人身心健康为立法目的，切实保障未成年人的权益，我国颁布实施了《未成年人保护法》，加强保护未成年学生的人身安全和健康。随着社会各界对校园频频发生的安全事故的关注度不断提高，对该问题妥善处置的专门立法呼声也越来越高。教育部在 2002 年颁布了《学生伤害事故处理办法》，对发生在学校中的学生伤害事故各方的职责、责任归属以及伤害事故的处理方式等做出了规定。2006

年，我国在修订《义务教育法》时专门增加了涉及校园学生人身安全的规定。2007 年，为进一步加强校园安全工作，教育部颁布了《中小学公共安全教育指导纲要》，对包括校园体育伤害事故在内的六个方面的校园安全教育工作进行了部署。

上述一系列有关校园安全管理与学生权益保障的各项法规与管理制度的出台，在学校层面对校园体育伤害事故的处置有指导性的意义。同时，在国家和体育部门制定的相关政策和法律中，对校园体育伤害事故也有相应的规定。1990 年，国务院颁发的《学校体育工作条例》中规定，要强化学生体育锻炼，同时要加强学校安全卫生管理。2005 年，教育部印发了《关于加强学校体育活动安全防范工作的紧急通知》，要求各级学校要重视和加强学生参与体育活动的安全。2007 年，中共中央、国务院印发《关于加强青少年体育增强青少年体质的意见》，强调要加强学校体育安全管理制度，要求尽快建立应对学生意外伤害的保险机制。2012 年，国务院办公厅转发教育部等部门《关于进一步加强学校体育工作若干意见的通知》，进一步提出要建立健全校园体育活动风险管控机制。2015 年，教育部印发了《学校体育运动风险防控暂行办法》，对各级各类学校的体育运动风险防控工作做出规定，同时明确了学校体育运动各个环节的风险管理责任。

从法律适用角度审视不同时期我国校园体育人身伤害事故的处置方式，大致可以分为三个阶段。第一阶段是以《民法通则》为主要依据；第二阶段是以出现“甘冒风险”为判断思路；第三阶段是以《侵权责任法》为主要参考。

一、《民法通则》第 132 条适用期（2009 年以前）

1986 年，由第六届全国人民代表大会第四次会议通过的《中华人民共和国民法通则》，是我国对民事活动中一些共性问题所做的法律规定，是民法体系中的一般法，于 1987 年 1 月 1 日起施行。在一些学校体育运动中发生的意外人身伤害案件，由于情况的特殊性和事件发生的复杂性，往往很难认定当事各方的过错和责任划分，我国法院一般采用公平责任原则，判定当事人、学校或管理者承担一定的民事责任，对受害者给予相应的经济补偿。主要有以下几种观点：

（一）过错责任原则

过错责任原则是民事责任的一项基本原则，是以事件中主体是否有过错行为作为责任判定的依据，即有过错行为就要承担责任，无过错行为则不承担责任，过错大小与责任承担比例相匹配。[①] 过错责任原则在我国校园体育人身伤害事故的民事法律责任适用中没有分歧，但在实践中如何准确判断有无过错是关键环节。在1998年的“葫芦岛足球伤害案”中，法院通过对实际情况进行分析后认为，比赛双方是某学校的学生队和教师队，从实际出发，教师处于支配地位，学生更容易受到伤害。因此，对受伤学生的诉讼做出了上场比赛的11位教师承担受伤学生80%的赔偿责任的审判。[②]

（二）公平责任原则

公平责任原则是民事责任的另一项重要原则，是指行为人或当事方对事件造成的损害即使都没有过错，也要承担一定赔偿责任的原则。公平责任原则在校园体育伤害事故处置中曾被广泛应用，是以平衡的方法分担损失的一项法律原则，案例不少，大多以经济补偿体现公平。2002年的“大兴校园足球伤害案”，受伤学生的家长将参与踢足球的学生、学校告上法庭，法院审理时认为各方都没有过错，但考虑到原告面临巨大的经济损失，由原告独自承担有失公平。因此，该案件适用公平责任原则，由原、被告共同承担损失后果，给予原告必要的补偿，既符合法律规定，又较为合理。[③]但需要指出的是，我国学术界和法律界都有这样的认识：公平责任原则不是我国《侵权责任法》的一般性归责原

---

① 王利明. 民法·侵权行为法［M］. 北京：中国人民大学出版社，1993.

② 王学忠. 法官亮牌：教师队全部“罚”下［EB/OL］. (2000-10-10). http://news.sina.com.cn/society/2000-10-10/133380.html.

③ 张传军，金之祥. 足球比赛中意外受伤谁之过［N］. 江苏法制报，2005-01-13（8）.

则，《民法通则》只是将公平责任列入具体的民事责任之中，这说明我国在公平责任原则的使用上存在一定的分歧。

（三）无过错责任原则

在我国，关于无过错责任原则在校园体育伤害事故中是否适用存有异议。司法实践中，一般不采用无过错责任原则，而是引入“人道主义说”。无论是在2006年的“岐山体育课足球伤害案”，还是在2001年的“华北水利学院足球伤害案”的判决中，法院都是在双方无明显过错的前提下提出“人道主义”这样一个更高的价值观来冲淡责任划分。无过错责任原则就是在某种特殊情形下，依据事件已经造成的损害结果，判定与事件有因果关系但无过错行为的行为人或主体承担一定责任的原则。在2010年《侵权责任法》实施之前，面对校园体育伤害事故，法院首要选择的是我国《民法通则》第132条。但在实例中也能看出，这是一个边界模糊、只适合解决一般性争端的条款，学术界对校园学生伤害案件在司法实践中适用《民法通则》第132条的批评一直存在。

二、“甘冒风险”原则过渡期（2009—2010年）

在《民法通则》向《侵权责任法》过渡期间，“甘冒风险”原则在处置我国校园体育人身伤害事故中一度受到重视。“甘冒风险”就是指行为人在参与活动时能够预知某种具体危险的存在，自身愿意承担危险和因此遭受损失的后果，而且不谋求他人承担责任。国内外许多学者认为，在行为人对损害的发生没有过错行为时，根据“甘冒风险”原则，体育伤害的风险应由参与者自身承担。同时，学术界也在相当程度上出现了对公平责任原则在校园体育人身伤害事故中适用的反思，主要体现在“学校教育需要”的范畴。教育界认为，学校开展体育活动是正当的教育工作，发生意外伤害事故，学校不应承担责任。而在司法实践中，法官关注的往往并不是当事人的行为是否存在过错，而是根据公平责任原则更多地考虑当事人的经济负担能力。由于学校一般比学生家庭具有更强的经济承受能力，在司法实践中若过多采用公平责任原则，往往使得学校无论有无过错都要承担一定的赔偿责任，这对学校来说是不公平的，而且会严重影响学校、体育教师的工作积极性。2007 年“上海交大足球伤害案”最终的审理判决就印证了法官的这种考虑，准许不存在过错的当事方上海交通大学对踢足球受伤的学生给予 20000 元人民币的经济补偿。[①]在我国，“甘冒风险”原则被广泛应用于职业体育和竞技体育领域。在这些体育领域，专业运动员以体育运动和竞赛为谋生职业，且这些领域具备相对完善的人身伤害保险和保障体系。因此，这些专业运动员自担运动伤害风险并无问题。

三、《侵权责任法》实施以后（2010 年 7 月至今）

2009 年 12 月，我国审议通过了《中华人民共和国侵权责任法》，并于 2010 年 7 月 1 日起施行。《侵权责任法》对公民民事权益进行了全方面、多层次、立体化的保护，是我国法治社会中的一部重要法律。有法学专家评价称，《侵权责任法》是继《合同法》《物权法》之后中国法律中又一部重要的支撑性法律，是构建法治社会的基础，具有强大的规范调整功能。我国的《侵权责任法》对保护公民、法人的合法权益，化解社会矛盾，减少民事纠纷，促进社会公平正义具有重大意义。与《民法通则》第 132 条相比较，《侵权责任法》第 24 条在处置校园体育人身伤害事故中最大的不同是由“分担民事责任”转向“分担损失”。在 2009 年宣判的“闵行初中生足球赛伤害案”中，法院尽管依据我国《民法通则》第 132 条判案，但在审判过程中充分注意到了我国立法上的这一变动，尽量避免“分担民事责任”这一法律依据。同时《侵权责任法》也不再强调“自承风险”，而是转向当事人在损失分担层面的“公平”与“合理”。此外，侵权行为中的过错推定原则是指在法律特定场合下从损害事实本身推定侵权人有无过错，从而确定其是否有赔偿责任的归责原则。过错推定强调的是“谁主张谁举证”的举证倒置原则，是过错责任原则的

---

① 张宁．足球场上受伤，谁之过？[N]．虹口报，2010-11-22.

一种补充形式。比如发生在 2011 年的“长宁小学生体育课手球伤害案”中，法院依据《侵权责任法》第 24 条的规定，尽管作为被告方的三名加害人和学校均不存在过错，但依据“分担损失”的法律精神，判定学校、原告、被告三方共同承担事故造成受伤害学生的损失，经过如此责任分担，受伤害的学生自身只承担三分之一的损失，而非独自承担 10 万余元的经济损失。

“分担损失”在司法实践中的运用在一定程度上是对公平责任原则的扬弃，与“甘冒风险”原则相比具有更大的制度优越性。根据搜狐新闻的报道，2018 年 1 月上海某中级人民法院对某中学学生在校内体育课上踢球受伤一案作出二审判决①，主要观点如下：第一，受伤学生承担小于 2/3 责任（一审时为原告、被告各承担 1/3 责任），学校承担 1/3 责任；第二，学生在学校组织的体育课上发生伤害事故，学校管理、教师指导方面存在过错。足球是一项充满对抗的竞技运动，是学校体育的主要内容之一。在足球运动中受伤（除恶意的侵害外）是在所难免的一件事，如果在日本，可能是家长向学校、教师道歉，而发生在中国，则成为家长向学校、教师讨要说法。当前，我国处置校园体育伤害事故的主要法律依据是《侵权责任法》，司法实践中对我国校园体育伤害事故的处置，学校往往承担了过多的赔偿责任，不仅使得学校产生“多一事不如少一事”的做法，也让体育教师为了尽量“不出事”减免那些充满激情、勃发青少年斗志的竞技内容，导致体育课越来越“温柔”的现实状况。

此外，作为《侵权责任法》的补充和解释，我国 2008 年推行的“校方责任险”，是妥善处置校园体育伤害事故的重要举措。校方责任险，从字面上分析，就是校方如果在事故中有责任则由保险公司承担。但许多学生发生意外人身伤害时，学校并没有过错责任，如果学校采用这个险种，就相当于默认校方存在过错责

① 王闲乐．上海一中学生体育课上主动上场踢球受伤，同伴、学校是否担责为何两审判决不同？［EB/OL］．(2018-01-11)．https://www.jfdaily.com/news/detail?id=76691．

任。因此，一些学校对推行校方责任险不是很积极。有时候，保险公司替学校支付赔偿金后，一些学生家长还是会跟学校交涉，他们认为既然学校有责任，那学校就得承担一部分赔偿责任。尽管如此，2015年北京、青岛等地还是积极推动校方责任险的发展，政府出资购买校方责任险附加险，为学校减轻了压力和负担。北京市为所有公办中小学和80%的民办学校购买了无过失责任险，有效应对了校园体育伤害事故发生后所带来的处置困境。因此，我们应该建立一种基本合理和相对公正的赔偿法则，在客观查明事故原委和责任承担的同时，尽量避免加害人无过失还要承担赔偿责任的情况。

第三节　我国校园体育人身伤害事故的社会负效应

随着我国教育事业的快速发展，校园安全已成为各级各类学校和政府管理部门重点关注的问题。但在学校体育教育中如果过分强调“安全第一”，会在一定程度上削弱学校体育增强学生体质的本质功能。此外，由于缺乏完善的学生体育运动意外伤害事故处置和保障机制，有针对性的法律规定也存在欠缺，学校往往承担着过重的责任和赔偿压力，这制约了学校体育活动的积极开展。学校体育实践中出现的一些较为严重的体育伤害事故往往给学校、体育教师和家长带来了极大的心理阴影和心理负担。家长法律维权意识的不断提升，政府缺乏系统完善的校园体育意外伤害事故处置办法，导致频频发生的校园体育人身伤害事故严重束缚了学校与体育教师的手脚，进而使学校教育目标与体育教育实践相背离。

一、对学生及其家庭的影响

校园体育人身伤害事故往往给学生带来难以挽回的痛苦和影响。对于未成年中小学生而言，因参与体育活动而导致骨折或残疾的新闻屡见不鲜，他们不仅在身体上遭受到手术、医疗康复及术后反应等各种创伤，而且在心理上也受到持久的影响，一些学生甚至从此无法再参与体育活动。对受伤学生的家庭而言，也承担着经济负担、心理愈合等多种困境，往往这样的家庭（父母）会因为孩子受伤而深受打击。在有些极端案例中，尤其是学生因受伤导致死亡，对学生家庭（父母）的打击是致命的。通过梳理我国校园体育伤害事故案例发现，常见的事故影响主要有因伤中断学业、因伤停止学业、因伤致残影响后续生活以及严重的因伤死亡等，但无论是哪一种情况发生，都给学生及其家庭带来难以挽回的损失，而且那些极端严重的校园体育人身伤害事故对学生及其家庭的影响是重大而深远的，这也是探讨和研究校园体育人身伤害事故风险预防机制的现实意义。另外，在实践中因家长对学生安全的过度警觉和保护而发生纠纷，也会使学校在组织体育活动时小心翼翼，甚至导致体育教学出现“因噎废食”的无奈现状，这些都值得我们反思。

二、对学校体育教育的影响

校园体育人身伤害事故及其引发的纠纷日益增多，在引起社会关注的同时，也在一定程度上使得我国学校教育目标与体育教育实践产生背离。一旦学生发生意外伤害事故或者家长认为学生的其他权益遭受损害，往往不能以理性的态度通过合理合法的途径进行沟通协商，而是以不理智甚至是非法聚众、围堵等极端的方式“闹”学校。由于现实中缺少便捷有效的赔偿标准和赔偿渠道，在发生校园体育人身伤害事故后，一些学生家长和亲属往往以“闹”谋求更大的赔偿利益。针对校园体育人身伤害事故，缺乏便捷有效的纠纷解决机制和具体明确的法律依据等是“校闹”出现的主要原因。“校闹”是对学校正常教学秩序的严重扰乱，是对学校合法权益的故意侵犯。“校闹”一直以来都是学校安全管理的痛点和难点，必须予以禁止和打击，切实维护学校的正常教学秩序。

（一）体育课堂教学越来越“温柔”

有调查数据显示，84. 17%的小学体育教师和 88. 11%的中学体育教师认为校园体育人身伤害事故对教学有影响。很多时候，课堂教学为了保证安全而越来越“温柔”，一些教师从教学手段、教学方法到教学目标，都人为地降低了要求，深度影响着体育课堂教学质量和体育的教育价值。这样的现实，不仅助长了“体育课可有可无”的观念，也弥散着“学生喜欢体育，不喜欢体育课”的味道，形若“鸡肋”的课堂教学让学校体育改革也越来越举步维艰。可以说，为了防止学生在体育课受伤，原本激情四射的竞技场面有时却变得“斯文”起来。“安全第一”的现实与“健康第一”的理想之间的反差，已成为增强学生体质健康的拦路虎，亟待解决。本研究调查了体育教师是否有因担心发生学生体育伤害事故而刻意改变教学内容和降低练习强度的情况，表3-4的调查结果显示，有48.5%的体育教师会做出相应的改变。

表3-4　体育教师因担心发生学生体育伤害事故而刻意改变教学内容和降低练习强度的调查情况

选项	小计	比例
肯定会	63	48.5%
也许会，也许不会	46	35.4%
不会	16	12.3%
说不清楚	5	3.8%
本题有效填写人次	130	

（二）课外体育活动越来越“瘦身”

基于思想决定行为的认知，为了避免或减少校园体育伤害事故，许多学校的校园体育活动无论是数量上还是规模上，都遭到“瘦身”。原本可以展现顽强意志和超强耐力的5000米、10000米长跑等已经退出学校田径运动会多年，原本贯穿每个周末的校内联赛也利用赛制压缩了比赛场次，原本崇尚团队合作的对抗类竞技项目也往往被隔网类的乒乓球、羽毛球、网球等所取代。一般情况下，除了不得不组织的课外体育活动外，一些学校将本应由学校层面组织实施的体育竞赛推给学生社团来组织，同时学校应承担的责任和应提供的专业指导、场地支持及经费保障等都被无形地“迁移”了。此外，一些学校为了避免学生在校期间出现因参加体育活动而导致伤害事故，放学后采取清校的方式，要求学生放学后立即离开校园，或者运用其他类型活动挤占原本属于学生的课余体育活动时间。一直以来，学校的课外体育活动是对青少年学生日常体育活动不足的最佳补充方式，教育部也要求各级各类学校将课外体育活动纳入体育教学计划。总之，学校的课外体育活动如果得不到正常开展，必然会在一定程度上影响广大在校学生的健康成长。

（三）学校硬件设施重“建”轻“用”

针对校园体育人身伤害事故的诉讼案件，北京市第一中级人民法院进行了一次调研。调研显示，在经两审判决生效的28件学校体育运动伤害诉讼案中，有超过九成的案件判决学校需要承担一定的赔偿责任。这既有学校在安全管理方面存在不足的原因，更有学校在发生校园体育意外事故时很难证明自身无过错的原因。[①] 面对学生在校园体育运动中发生的人身意外伤害事故的现实教训和不确定的责任风险，很多学校管理层和体育教师明里暗里地采取了消极应对的做法，比如课余时间禁止踢足球、有限使用体育场地器材及设施，甚至出现游泳池没水、足球场锁门、单双杠进库房、拆除体育器械设施等现象。这不仅制约了学校体育教育的育人功能，也进一步加重了部分学生体质羸弱的状况。学校“因噎废食”地对待体育工作，既有来自家长和社会的非理性言论的压力，也有深受很多家长采用纠缠、上访、诉讼等各种途径解决问题的困惑，在弱化学校体育工作的同时形成“花钱买稳定”而息事宁人的习惯性做法。校园体育人身伤害事故的负面影响、司法过程中同情弱者的情感因素以及求稳怕乱的常见心态，往往让正常法律处置程序偏离了轨道，进一步加重了学校的

---

① 北京市第一中级人民法院未成年人案件综合审判庭．关于未成年人校园体育活动人身损害责任承担问题的调研报告［R/OL］．（2013-02-27）［2014-07-20］．http://chinachild. org/?s=关于未成年人校园体育活动人身损害责任承担问题的调研报告．

担忧。

三、对体育教师的影响

近些年，学生在体育课期间因运动而导致伤害事故的新闻屡见报端。2018 年，安徽宿州某小学体育教师因安排学生参与跪地爬行项目而导致部分学生膝盖擦伤，被学校处以向学生家长道歉、停职并接受检查的处分；2017 年，重庆万州某小学体育教师因对违反课堂纪律的学生处以赤脚跑步而导致部分学生脚掌起泡，引发学生家长不满，并要求学校处分该教师。在对教学难度和惩罚性做出是否合理的判断之前，首先拷问的是体育教师的教学权利是否应该被尊重。

客观而言，预防和减少校园体育人身伤害事故是体育教师的职责之一。但是如果将校园体育人身伤害事故的责任全归属于体育教师，则是不合理的。现实中，每当发生体育课堂教学或课外体育活动的意外伤害事故时，将责任推给体育教师是比较常见的现象。这样的压力和不求有功但求无过的思想，使得体育教师在教学实践中畏首畏尾。为了防止学生发生意外伤害事故，教师在教学实践中降低学生的运动难度、减少学生运动负荷等做法较为普遍。如对单双杠只作简单的介绍，而将耐力跑变成课后作业，标枪、铁饼等项目因其技术复杂且容易致伤他人已很少出现在学校的田径运动会上。体育教学中弥漫着“只要学生不出事就行”的风气，存在“一个哨子两个球，学生教师都自由”的状况。这样的现状不仅摧残着体育的科学价值与人文意蕴，让一批又一批的学生“安全”毕业后依旧体质羸弱，同时也极大地降低了体育教师的职业含金量。表 3-5 是本研究所调查的校园体育人身伤害事故对体育教师造成的影响情况，调查显示，70% 的体育教师认为校园体育人身伤害事故会对自己造成负面影响。

表 3-5　校园体育人身伤害事故对体育教师造成的影响情况调查

选项	小计	比例
肯定会	91	70%
也许会，也许不会	27	20.8%
不会	7	5.4%
说不清楚	5	3.8%
本题有效填写人次	130	

第四节　我国校园体育人身伤害事故处置中存在的瓶颈问题分析

一、责任归属存争议

校园体育活动，尤其是一些身体对抗性竞技项目，都有让学生在参与运动时面临意外伤害事故的风险，不仅如此，在事故后续的处置环节中也极易引发当事各方的矛盾。因此，当发生学生体育意外伤害时，对责任归属的判断成为事故处置的前提和重要环节。客观、公正、公平地解决学生体育伤害事故，其责任归属问题不仅关乎学生的切身利益，而且也是处置校园体育意外伤害事故的核心问题。但是，目前我国关于校园体育人身伤害事故的追责并没有有针对性的、清晰有效的法律条文可依。[①] 由于法律规定不明晰，各当事方对校园体育人身伤害事故的认知和诉求存有差异，各级法院、法官对相关法律条款的引用和理解也不相同，造成了我国在校园体育人身伤害事故的责任归属问题上存在争议。本研究针对学生在体育课堂教学、在学校组织的训练竞赛和在课余自行参与体育运动的三种情况下发生严重的人身伤害事故责任承担问题，调查了部分学生和体育教师，调查结果显示，学生和体育教师对以上三种情况下发生伤害事故的责任归属看法

① 杨万文，李欢．对我国现行学校体育法律法规体系的探讨［J］．武汉体育学院学报，2013，47（9）：10-14.

是不一样的。如某学生在体育课堂教学中发生严重伤害事故，74%的学生认为致害学生应当承担主要责任，85.4%的体育教师则认为学生自身应当承担主要责任，学生和教师的观点明显不同。学生在体育课堂教学、学校组织的训练竞赛以及课余自行参与体育运动中发生严重伤害事故责任承担情况调查见表3-6。

表3-6 学生在体育课堂、训练竞赛以及课余体育运动中发生严重伤害事故责任承担情况调查

责任主体	体育课堂教学		学校组织的训练竞赛		课余自行参与体育运动	
	学生看法	教师看法	学生看法	教师看法	学生看法	教师看法
学生自身	55.4%	85.4%	62.4%	80%	75.6%	90.8%
致害学生	74%	56.2%	68.6%	63.9%	68.6%	62.3%
体育教师	43.8%	73.9%	33.5%	60%	25.6%	17.7%
学　　校	58.3%	80%	66.1%	87.7%	36%	54.6%
学生家长	12%	20.8%	12.8%	18.5%	15.3%	25.4%
填写人次	242	130	242	130	242	130

当前，校园体育人身伤害事故的责任归属主要有学校承担责任、学生承担责任、第三方承担责任、多方共担责任以及由于天气、环境等不可抗因素造成的伤害事故由当事人自行承担责任等五种形式。① 第一种，学校承担责任的情况主要发生在受伤对象是无民事责任人或限制民事责任人的在校学生。当他们参与在学校范围内的体育活动时，学校就要承担学生在运动中可能或已经发生的伤害事故责任。可见，在面对中小学生体育活动中出现的伤害事故，学校在组织管理、安全教育、应急措施等环节要考虑周全。同时，如何将责任意识与保险机制有机统一，是未来学校妥善处置校园体育人身伤害事故的重要抓手。第二种，学生承担

① 李培文，李红英，牛鹏飞．大学生体育伤害事故中的法律责任与应对策略[J]．体育学刊，2010，17（6）：35-37.

责任的主要情况发生在不遵守学校管理规定或擅自从事危险性的运动项目，比如上篮球课时去踢足球或在不具备专业技能的前提下参加滑板运动等，由此导致的伤害事故其责任由学生承担。第三种，由第三方承担责任，比如正常体育课期间，学生在跑道上跑步时被正在利用闲暇时间参与足球运动的同学踢出的球击中导致受伤。此类伤害事故由第三方（既不是学校，也不是跑步的学生本人，而是踢足球的那位学生）承担责任。如果有健全的校园体育保险制度，不论对受到伤害的学生，还是对需要承担责任的学生，都能抵消一定额度的赔偿。但是，目前我国校园体育保险涉及的范围很窄，覆盖面也非常有限，仅限于在极少数的竞赛领域，并没有惠及大多数学生，而且在许多偏远农村地区几乎是空白。第四种，多方共担责任主要发生在校园体育竞赛中，比如在教育主管部门组织的校际竞技比赛中，当参赛学生受到伤害时，责任往往由主办承办单位、学校、学生及其他相关人共同承担，赔偿也由各方按比例承担。如果责任归属更加明确，保险制度更加完善，当发生类似情况时，处置流程和结果可能会更加客观、更加实效。第五种，由于天气、环境等不可抗因素造成的伤害事故由当事人自行承担责任，但司法实践中也可以依据公平责任原则，由学校承担部分损失。

总体而言，由于学校在传统上被认为处于强势地位，而受伤学生处于弱势地位，往往造成在处置校园体育人身伤害事故时，无论学校方面是否有责任，根据过错责任原则兼顾公平责任原则，学校都被判决承担一定的责任。同时，伴随着我国法治建设的进程加快，受伤学生及其家长的维权意识越来越强，但现有维权机制明显滞后，我国目前也缺乏有针对性的、清晰有效的法律条文依据，这为有效处置校园伤害事故带来了诸多现实难题。总之，责任归属的划分是当前处置校园体育人身伤害事故的难题之一。

二、保障体系仍滞后

由校园体育人身伤害事故导致的学生与学校之间的赔偿纠

纷，以及因伤害事故频发而使得学校和教师在组织校园体育活动和教学训练实践中的积极性受挫，其原因主要在于有针对性地解决学校体育伤害事故的法律保障缺失。我国的《体育法》《民法通则》中对校园体育人身伤害事故的处置过于进行宏观强调，缺乏细则指导，操作性不强。而《学生伤害事故处理办法》也没有专门对学生体育伤害问题提出具体的处置意见和针对性的条文。《侵权责任法》涉及人身伤害的相关条款规定指向性不强，过度使用公平责任原则，无过错方往往承担赔偿责任。2007 年，中共中央、国务院明确提出，要建立和完善青少年意外伤害保险制度；2008 年，教育部决定在全国中小学推行意外伤害校方责任保险制度，但由于种种原因，校方责任险在实施过程中一直未能完全达到预期的目的，其原因有以下几个方面：

（一）保障范围存在欠缺

目前，学前幼儿园时期和大学及研究生阶段所发生的体育伤害事故在所有校园伤害事故中的占比已近 1/4，并有进一步上升的趋势，而校方责任险的投保范围并未覆盖至学前及硕士博士阶段。一旦这些学生发生伤害事故，相关学校将不得不面临使用有限的校内经费进行赔偿的情况。

（二）保障力度尚显不足

学生保险的险种和额度有限，政府推行的校方责任险由于存在不足之处未能在全国各地的学校普遍实施。校方责任险以法院判决为必要条件，在损害后果较为严重的案例中，当医疗费用较高时，学生保险的保障力度难以在治疗救助中起关键作用。目前，学生每年投保人身平安险的保费为人均 30~60 元，远高于校方责任险的投保费，其理赔额度最高也就几万元，在遇到大额损害时只能填补医疗费用。可见，校方责任险等学生保险只在一定程度上减轻了受伤学生家庭和学校的经济负担，还不能从根本上消除校园体育意外伤害事故对学校产生的不利影响。

（三）理赔程序复杂，保障方向偏离

通过查询校方责任险实施的相关条款，其中规定发生伤害事

故后超过 48 小时报案的，保险公司不予受理，在申请理赔时还需提供一系列有效的法律文书，包括伤害鉴定书、裁定书、诉讼判决书等，理赔程序比较复杂，限制性条款过多。一旦出现与保险条款不相符的情况，保险公司就拒绝理赔，容易发生理赔纠纷。此外，校方责任险也只是在相对较少的伤害事故案例中起到保障作用。依据“学校承担责任越多，其负担的赔偿额度就越多”的原则，学校在面对学生因伤害事故导致的高额医疗康复费用时付出了较大额度的补偿金，但由于校方责任险过多限制性条款和苛刻的理赔条件，导致学校有时无法通过校方责任险的渠道得以回收。这实际上已经偏离了政府设置校方责任险的根本目的，需要及时进行补充和调整。

三、损害赔偿不清晰

当前形成诉讼的校园体育意外伤害案件的赔偿纠纷，在损害赔偿责任认定问题上，是控辩双方诉讼争议的焦点。2009 年之前，由于我国《侵权责任法》还未颁布，关于校园体育人身伤害事故损害赔偿的问题已然争论不断，特别是过错和责任认定的原则。我国《侵权责任法》涉及导致人身伤害侵权行为的条款有第 6、38、39 条等，但关于人身伤害的归责原则和责任划分等核心问题，这些条款的规定仍然过于宽泛，给法院和法官留有的自由裁量权过大。对于情况基本相同的校园体育人身伤害案件，存在不同的法院审理后做出不同判决的情况。可见，在校园侵权问题上，学生、学校、家庭、社会之间的法律关系未能完全理顺，相关各方相应的法律职责和责任范围不明确。司法部门在处理校园体育人身伤害事故时，对如何适用法律、如何归结法律责任等一系列的问题也存在着分歧。从近些年许多司法判例来看，无论学校和体育教师是否存在责任和过错，法院的终审判决均存在让学校承担一定比例的责任，造成校园体育人身伤害事故处置不当、损害赔偿责任不清晰等问题，具体表现在以下四个方面：

（一）举证查证难信

处理校园体育人身伤害事故赔偿纠纷的关键在于责任的认

定，而责任认定的基础是证据。未成年学生由于观察力和判断力不足，往往无法对事发现状和情形做出客观准确的描述。而目击证人大部分都是学生和教师，其举证因受到与学校关系的影响而表现出真实性和可信度的不确定。另外，此类损害赔偿由于诉讼周期较长，靠回忆形成的证言或证据仍需要法院方面依职权决定是否采纳。

（二）校方责任难找

如何认定校方责任，越来越成为处置校园体育人身伤害事故的焦点。随着学校体育设施、硬件器材建设的不断改进，学校体育管理机制不断规范，校园体育伤害事故发生的原因更多的是"意外"，校方的管理瑕疵也越来越难以被发觉。然而，有些伤害事故造成的严重后果，给学生及其家庭带来惨痛的结果，或面对数百万的治疗费，或面对数年后身体的残疾等。此时找寻到学校的问题及责任，让受伤学生通过校方责任险弥补一些损失，便成了后续调查时必须着重审视的环节。

（三）责任比例难分

通过梳理校园体育人身伤害事故判决发现，对于情况近似的伤害事故，不同的审理机构有时会做出完全不同的责任划分。在校园体育人身伤害事故审理过程中，过错责任的认定与划分并非是法官自由裁量权的展示，必须遵循一定的规则，而情理分析和道义决策便是衡量审判时法官天平上的两块砝码。①

（四）后续赔偿难了

通过梳理案例发现，校园体育伤害赔偿案件的反复上诉率较高。一方面是由于家长和学生对学校承担责任的认知有差异，他们大多认为法院认定的学校责任过轻、赔偿额度太少；另一方面是由于校园体育伤害发生后存在大量的后续治疗康复费用，而双方并未达成一致，所以只能在费用实际发生后再次诉讼。这种现象既浪费了司法资源，也让伤害事故的最终处置遥遥无期。后续

① 夏盛．校园体育伤害事故损害赔偿问题研究［D］．上海：上海交通大学，2012.

治疗康复的普遍性，让我们不得不反思法律诉讼之外是否能有更合理的社会救助制度。

第五节　影响和制约我国校园体育人身伤害事故有效处置的主客观因素

随着校园体育人身伤害事故受到越来越多的关注，社会各界对如何有效处置该类事故各抒己见。近年来，相关研究立足于学校体育立法实践，着眼于伤害事故的处置状况，提出了许多真知灼见，有效地推进了校园体育法制化进程。然而，现阶段学生家长、社会及职能部门对如何处置校园体育人身伤害事故提出了更高的诉求。结合调研分析与理论研判，本研究归纳出影响和制约我国校园体育人身伤害事故有效处置的两方面因素。

一、制度供给与现实需求不平衡

借鉴供给侧结构性改革理论审视校园体育人身伤害事故的处置现状，笔者认为，现阶段在解决校园体育人身伤害事故时，我国在制度供给与现实需求之间存在三方面的不平衡。

首先，近年来处置校园体育人身伤害事故的相关法律、部门文件及地方性法规越来越多，如《民法通则》《侵权责任法》《未成年人保护法》以及教育部颁布的《学生伤害事故处理办法》等。在实践中，无论是法院依据《民法通则》的公平责任原则判处不存在过错的学校承担一定的责任，还是法院运用《侵权责任法》将未成年人划分为无民事行为能力人或限制民事行为能力人，都没有充分考虑到学校体育的特殊性。学校体育是通过传授运动技能的方式，提升学生身体素养和人格修养的教育方式，“动”是体育活动最显著的特点，而“动”就会引发意外，包括人身伤害。现实中的学校体育需要完善工作安全法律制度，而不能仅仅关注学生发生意外伤害事故时的责任划分与归属。越来越多的学者意识到，学校体育工作的安全机制是预防校园体育人身伤害事故的重中之重。因此，在缺乏直接法律规范的现实情况下，如何将校园体育人身伤害事故处置中的良好经验和做法予以规范化、制度化，形成学校安全管理机制，以及如何明确法律约束，有效降低校园体育人身伤害事故发生的概率及减小其危害程度是确保学校体育活动安全的重要手段。

其次，我国政府历来重视校园安全与稳定。近些年，教育部会同财政部、国家体育总局先后下发了一系列重要文件，这些文件对校园体育活动安全保障、学校体育安全管理、校园伤害事故风险管理等工作提出了明确要求，并鼓励各地大力推行校方责任险，健全和完善校园学生安全保障机制。特别是 2017 年国家体育总局、教育部等七部门联合印发《青少年体育活动促进计划》，要求建立健全青少年体育活动风险管理机制，切实加强青少年体育活动的风险监控。然而，这些制度如何在教育实践中落实、如何在推进的过程中自我完善都面临着许多的问题和困境。现行法律对校园体育人身伤害事故的处置和责任认定缺乏具体明确的规定，审判实务中各地法院的判决和处理并不统一，责任认定标准也不一致，尤其是在学校是否承担责任的问题上争议不断。此外，针对成年人与未成年人，“自甘冒险”原则与公平责任原则的适用标准和适用范围是否应当区别对待、应在何种程度上区别对待亦未有定论。显然，针对我国校园体育人身伤害事故的处置，在制度制定与制度适用之间还存在着不小的鸿沟和落差。

最后，处置校园体育人身伤害事故的关键是责任认定和赔偿问题，由于体育伤害事故几乎都是意外的人身伤害，在给予相关人员、学校等进行责任认定后，无论最终责任如何划分和明确，受伤学生及其家庭的最终诉求都是事后的经济赔偿问题，可见现阶段赔偿纠纷是校园体育人身伤害事故的核心问题。由于我国缺乏必要的保险制度和基金保障制度，使得即使有法院判决赔偿数额，也因制度缺失导致赔偿资金难以快捷到位，往往拖延较长时间，给当事人及其家庭包括所涉学校都带来不同程度的影响。然而，强制性的保险制度在我国普遍因地域、城乡之间的差异，导致施行过程困难重重，现代社会对共济形式的基金保障制度仍心存芥蒂，而使之只能停留在被了解和被探索阶段，迟迟不能将之付诸实践环节。

二、司法资源配置与风险规避不适应

妥善处置校园体育伤害事故的目的，一方面是强调对受害方提供更充分的救济，另一方面则是从立法资源的视角体现规避、控制校园体育伤害事故风险的社会意义。立法的目的在于确立一种积极的行为模式，在必要的利益权衡后通过司法裁决提升法律的理性和权威性。从我国现有的法律制度框架来看，最高法院往往扮演着“立法者”的角色，它在审理各类案例中形成实践经验，并通过颁布司法解释来解决粗线条立法存在的缺陷与不足。然而，成文的法典一直是我国法律实践的主流语系，许多案例也只能发挥补充与平衡的作用，并不能超越法律自身的局限，这是司法资源配置与风险规避不适应的表现之一。

参与体育活动的高风险必然促生越来越完善的保险制度。体育领域的保险事务，涵盖全民健身领域、学校体育领域及职业体育领域，这些保险的发展尚都处于初级阶段，很不完善，体现出诸多不适应性。校园体育人身伤害事故保险主要是学生平安险和人身意外险，受限于校园体育活动保险相关立法尚处起步阶段，也受制于学生及家长对保险的认识不到位，再加上保险费用与预期的差距，都造成了实际参保人数少且效果不佳的结果。因此，从国家层面完善校园体育人身伤害事故相关保险机制，尤其对足球、篮球等对抗性强、伤害程度大的项目设立强制保险和附加保险是非常必要的。保险制度的建立与完善，不仅能促使“甘冒风险”和免责制度的实施，使伤害赔偿社会化，而且能逐步提升教育职能部门购买服务的意识，有助于校园体育人身伤害事故责任赔偿的社会化进程。教育部以及北京、上海、深圳等地颁布的有关学生伤害事故处理条例，都提倡学生家长或其监护人为学生购买人身意外伤害险，但这样的状况并未在全社会形成共识，地区之间还存在着较大的差别。总之，校园体育人身伤害事故处理程序和原则的法律规定仍未明确，第三方认证机制仍未确立，校园体育伤害事故赔偿调解机制尚未建立，这些都是当前司法资源配置与风险规避不适应的集中体现。

教育部体卫艺司的王登峰表示：“我们应该在校方责任险的基础上，再加一个学生体育运动意外伤害险，国家层面需要有顶层设计，统筹兼顾，把足球等学生开展的运动项目纳入体育运动伤害险，以完善整个学校体育的保险机制。”应借鉴医疗纠纷的第三方处置机制，根据人民调解的有关法律规定，尽快建立学生体育意外伤害事故调解机制。知之非艰，行之惟艰。观望频频发生在各级各类学校的体育意外伤害事故，发现期待与现行相关法律、保险等制度不健全存在不小的落差。广大教育工作者也积极在理论与实践方面展开探寻，希望能借以推动校园体育法制化进程的同时，真正化解学校体育伤害事故依法处置的难题。

本章小结

本章的研究以我国校园体育人身伤害事故及其事后处置的现实状况为切入点，全面分析我国校园体育人身伤害事故发生的频率，不同时期处置的方式方法，人身伤害事故对学校、教师、学生及其家庭带来的负面影响，以及影响和制约体育人身伤害事故得以有效处置的主客观因素等重要问题，为深入探讨我国校园体育人身伤害事故的风险管理和法律应对机制奠定了理论基础和分析框架。

本章研究认为，随着健康中国战略和全民健身活动的不断推行，我国校园体育正呈现出参与人数增多、活动内容丰富、竞技对抗升级等新特征，由此带来的校园体育人身伤害事故及赔偿纠纷也随之频现。近些年来，校园体育人身伤害事故日益受到社会各界的关注，成为我国教育事业发展中的痛点和难点，也成为制约学校体育深化改革和良序发展的机制性障碍之一。

伴随着国家立法和教育管理部门制度建设的不断推进，我国校园体育人身伤害事故处置的法制化建设也逐步得以完善。从法律适用角度审视不同时期我国校园体育人身伤害事故的处置方式，大致上可以分为三个阶段。第一阶段是以《民法通则》为主要依据；第二阶段是以出现“甘冒风险”原则为判断思路；第三阶段是以《侵权责任法》为主要参考。在《侵权责任法》实施之前，面对校园体育伤害事故，法院首要选择《民法通则》第132条的规定作为依据。在《民法通则》第132条向《侵权责任法》过渡期间，“甘冒风险”原则在处置我国校园体育人身伤害事故中一度受到重视。与《民法通则》第132条相比，2010年7月1日起施行的《侵权责任法》第24条在处置校园体育伤害事故中最大的改变是由“分担民事责任”转向“分担损失”。此外，作为《侵权责任法》的补充和解释，2008年推行的“校方责任险”是妥善处置校园体育伤害事故的重要举措。近年来，我国处置校园体育伤害事故的相关法律、部门文件及地方性法规越来越多，但在实践判例中无论是法院依据《民法通则》的公平责任原则，还是运用《侵权责任法》的分担损失，大多没有充分考虑学校体育的特殊性，在一定程度上加重了学校的责任分量。

学校体育实践中出现的一些较为严重的体育伤害事故，往往给学校、体育教师、学生及其家长带来极大的心理阴影和负担。家长的法律维权意识不断提升，但政府缺乏系统完善的学校体育伤害事故处置办法，导致频频发生的校园体育人身伤害事故严重束缚了学校和体育教师的手脚，进而使学校教育目标与体育实践相背离。由于目前我国关于校园体育人身伤害事故的处置并没有有针对性的、清晰有效的法律条文可依，造成在处置校园体育人身伤害事故时存在责任归属存争议、保障体系建设滞后以及损害赔偿不清晰三个主要问题。责任归属的判断是事故处置的前提和重要环节，也是处置校园体育人身伤害事故的核心问题和主要难题。我国校园体育人身伤害事故处置的保障体系建设滞后，主要体现在保障范围欠缺、保障力度不足、赔偿程序复杂和保障方向偏离等方面。损害赔偿不清晰主要体现为举证查证难信、校方责任难找、责任比例难分和后续赔偿难了等方面。同时，如何将责任意识与保险机制有机统一，是未来学校妥善处置校园体育伤害事故的重要抓手。由于现行法律对校园体育人身伤害事故的处置和责任认定缺乏具体明确的规定，审判实务中各地法院的判决和处理并不统一，责任认定标准也不一致，尤其在学校是否承担责任的问题上争议不断。现阶段在解决我国校园体育人身伤害事故时，存在着制度供给与现实需求不平衡、司法资源配置与风险规避不适应两个方面的主要矛盾，这也是影响和制约我国校园体育人身伤害事故有效处置的重要因素。

第四章　发达国家处置校园体育人身伤害事故的做法与对我国的启示

第一节　发达国家处置校园体育人身伤害事故的做法

一、美国处置校园体育人身伤害事故分析

（一）概况

在美国，校园学生伤害事故包含的范围比较广，不仅仅包括学生在校学习期间所发生的意外伤害事故，还包括学生在放学、休学旅行时发生的伤害，以及在不可预料的火灾、冰雹等自然灾害中受到的人身伤害事故。①本研究讨论的美国校园体育人身伤害事故是指学生在校期间参与体育运动造成的身体和心理的伤害，不包括自然灾害、被盗等财产类损害。在美国，校园体育人身伤害事故的责任问题主要是侵权行为法问题。美国非常重视各类学校的校园安全管理，主要体现在注重校园安全立法。1994 年，美国国会通过的《美国 2000 年教育目标》中增加了“安全的学校”的决议，此外，美国关于校园安全的全国性立法还有《校园禁枪法》。再者，2002 年布什政府颁布了《不让一个孩子掉队法案》，该法案要求学区对校园暴力事件进行详细的统计，并将结果公之于众。② 2016 年，美国在明尼阿波利斯召开的健康和体育教育工作者协会（Society of Health and Physical Educators，SHAPE）全

---

① 陈华荣，王家宏．美国学校体育伤害事故责任分析［J］．体育学刊，2009（6）：31-35.

② 杨一新．无锡市小学生学校体育伤害事故现状的调查研究［D］．苏州：苏州大学，2016.

国大会暨博览会上首次发布美国体育教育现状报告。报告指出，自 2012 年以来美国的学校体育状况有了较大改善，大多数州已经通过了有关体育项目的立法以及指导性文件。

《中国青年报》的一篇报道指出，美国的学生崇尚体育运动，学校体育活动丰富多彩，学生积极加入各种社团从事体育运动。但美国学生在运动中受伤的比例比较高，每天大约有 8000 多名学生因伤病到学校医疗室治疗，学生在运动或休闲活动中发生各类人身伤害事故每年超过 3500 人，占美国学生总数的 10%左右。① 2017 年，美国一名 19 岁的男学生在学校田径运动会上担任志愿者，不幸被链球砸中，送院后救治无效身亡。由此可见，美国的学校同样面临着校园体育人身伤害事故频发的较大风险。但这些并没有让学生对体育运动望而却步，他们依然带着热情参加各种各样的体育运动。

（二）处置的原则、方式及法律适用

美国法律属于英美法系，主要依据判例法，校园体育人身伤害事故的归责原则主要以过错责任原则为主，即以学校的过失为必要条件。当学校和学生都无过错，是由体育运动自身存在的风险而引起的伤害事故时，美国法律一般依据“甘冒风险”理论，在此情况下由学生自己承担责任，再通过体育保险获得补偿与救助。换句话说，美国强调了自我责任感，通过体育保险制度将个人风险转由社会共同分担，从而减轻学生和校方的压力。美国的校园体育人身伤害事故主要依据侵权行为法受理和处置，校方过错责任的构成条件是：校方依法负有某职责而实际上没有履行；校园体育人身伤害事故确实已发生；校方未履行该法定职责与已发生的体育人身伤害事故之间存在实际的因果关系，且校方仅对本校职工的职责行为负责，即替代责任。② 在美国，根据雇主替

① 这则新闻刷屏体育老师朋友圈　校园体育意外谁担责？［EB/OL］.（2018-05-07）. http://sports.qq.com/a/20180507/019439.htm.

② 童宪明．美日加中幼儿园事故法律责任的比较研究［J］．早期教育（教师版），2009（4）：21-22.

代责任原则，校方对教职工的过失承担责任，同时又限定了学校教职工与教学责任无关的过失不可以被忽视。

美国法律在处理未成年学生校园体育人身伤害事故时，追究的是由于是校方的过失导致的学生体育人身伤害事故，而不是无原则地追究校方责任。从目前美国对校园体育人身伤害事故的处置措施来看，如果学生自身存在过失，只是减少而不是完全解除侵权一方的过错责任。这一原则只适用于能够认识到危险状态存在的人，即完全民事行为能力人，在特殊情况下也包括限制民事行为能力人，但不包括无民事行为能力人。[①]美国在法律运用上也会根据未成年学生的年龄、背景、智力水平等因素考虑其预见、理解和感知所面临的危险水平而做出最终的司法裁决。

美国校园体育人身伤害事故的赔偿主要来自体育保险。美国的体育保险制度比较健全，是一种发展迅速且专业性较强的商业保险。在美国，体育保险几乎囊括了学校的所有体育活动，包括校园足球、校园全明星比赛等，为学生在参加各种校内外体育运动中发生人身意外伤害提供保险支持。[②] 在美国学生发生体育伤害事故后，一般根据《教练员赔偿责任免除法》的相关规定，教练员、教师及职工不用承担赔偿责任，赔偿金由学校所在学区的教育主管部门支付。

二、日本处置校园体育人身伤害事故分析

（一）概况

日本的学校体育教育是由体育课、体育俱乐部活动、大型体育活动和课外体育运动四部分组成的。在这些活动中，每年发生的校园体育人身伤害事故也较多。日本在处理校园体育人身伤害事故时引入了风险管理的理论，全面详细地规定了学校、学生、家长的职责，对校园体育人身伤害事故进行了细致的归类。1960

① 任亚莉．我国中小学学校体育伤害事故赔偿责任研究［D］．西安：西安体育学院，2010.

② 张国斌．中国与发达国家学校体育保险比较研究［J］．宜春学院学报，2009，31（4）：41-43.

年，日本学校安全会根据《日本学校安全法》为义务教育学校设立了《学校灾害互助保险》制度，包括校园体育人身伤害事故在内的学校管理下的灾害补偿制度。日本特别注重学生在学校的安全立法，在学校安全管理机构上经历了由日本学校安全会（1959年）到日本学校健康会（1982年），再由日本体育·学校保健中心（1986年）到日本体育振兴中心（2004年）的变革。[①]

针对校园体育人身伤害事故，日本有数据库专门统计了包括体育伤害事故发生的场所、原因、学生受伤部位、赔偿金额等方面的内容，并且每年都会向社会公开体育伤害事故的赔偿情况，事故的处置比较透明，这给日本校园体育人身伤害事故的预防提供了可靠的资料。从校园体育人身伤害事故发生率来看，小学阶段特别活动的伤害事故发生率占46.2%，体育活动的伤害事故发生率占30.1%，其他教学科目的伤害事故发生率占21.5%，课外指导占2.2%。中学阶段体育活动的伤害事故发生率为78.4%，其次是特别活动的发生率为12.9%，其他教学科目的发生率为8.7%。高中阶段体育活动的伤害事故发生率为89.1%，其他教学科目的发生率为5.2%，特别活动为3.3%，课外指导为2.4%。[②]

（二）处置的原则、方式及法律适用

日本面对较高的校园体育人身伤害事故发生率，主要借助于完备的法律手段进行处置。日本非常重视教育立法，依据《学校教育法》《国家赔偿法》先后制定了30多部关于学生意外伤害的法律法规，这也为学生体育伤害事故的处理提供了充分的法律依据和有效的运作机制。同时，许多地区还颁布了符合地方需要的法规，较为详细地规定了教育管理部门和地方各级学校在学生安

① 陈莉，余君，胡启林．解析日本学校体育事故补偿制度［J］．武汉体育学院学报，2008，42（10）：46-51.

② 孙金蓉．日本学校体育伤害事故的现状及事故补偿制度的考察［J］．武汉理工大学学报（社会科学版），2004（3）：402-404.

全等方面的责任和义务。[①]日本学校教育相关法律明确规定：学校有保护、帮助未成年学生的义务，学校建立者以及管理者对学生的人身安全应尽严格的安全管理义务，违反规定者以及在学生人身伤害事故发生后不及时采取合理的应对措施者，校方将承担相应责任。日本法律对校方在学生体育运动伤害中应该承担责任的一些情境均有明确规定，主要包括：因校园的体育设施、设备不完善而引发的体育人身伤害事故；在体育教师或教练员的指导下进行某项体育运动时发生的体育伤害事故；在紧急情况的处理中，因校方决策或处理方法不当，致使伤害事故恶化；体育伤害事故发生后，未联系学生家人，未收到来自其家人的确切消息，导致伤害事故的恶化；等等。其中有一个案例，体育课上教师让一名 12 岁的学生做双手倒立动作导致学生摔倒而受伤，法院认为这是由于教师未尽到职责，让幼小的学生做不适当的高难度动作，并且没有做好有效的保护措施，所以该体育教师应承担伤害事故的责任。在另一个案例中，一位 15 岁的学生已有脚踝关节扭伤的伤情，在体育课上又引起踝关节扭伤。体育伤害事故发生前教师知情后嘱咐此学生运动前做好踝关节的准备活动，或者在练习跳远时根据自己的情况选择见习。法院认为该体育教师在教学活动之前已经按照教学程序及时提醒了学生，并给出了相应的建议，教师已经做了“避免危险”的工作，所以判决该教师对于此起体育伤害事故是没有责任的。[②]

日本在处理校园体育人身伤害事故赔偿金额方面，很早就建立了补偿制度，主要依靠多种保险的途径来实现。日本的学校体育意外伤害事故的保险制度比较完善，保险费主要由国家或公共团体承担，学校体育保险具有很强的公益性和可操作性。其《体育安全保险》是由日本体育安全协会设立的，该保险涵盖了绝大

① 王皓东，晏子翔．探讨中日学校体育伤害事故的处理对策［J］．搏击·武术科学，2011，8（4）：121-124.

② 尚大鹏．日本体育课意外伤害事故的管理办法［J］．体育教学，2008（2）：10-11.

多数体育领域的意外事故。此外，日本学校体育保险体制比较完善，各类学校均设立了赔偿责任保险和体育运动设施保险等，保险项目多、保险范围广。① 日本教育管理机构也制定了一套完整的预防和应对校园体育人身伤害事故的规章制度，形成了比较完善的学生安全管理保障法律法规体系。具体表现在：（1）处理校园体育人身伤害事故的法律规定明确，明确了校方、学生、家长在学校教育中的职责和义务，一旦发生体育意外伤害事故，可根据各方职责和履行义务的情况对事故的责任进行追究。（2）处理学生校园体育人身意外伤害事故依据的法律条款非常具体，可操作性较强。学校的规章制度都明确规定，一旦发生体育意外伤害事故，首先采取紧急措施联系医院、家长等，然后再根据实际情况妥善处理。（3）对校园体育人身伤害事故的赔偿处理相当明确，可依照《日本体育·学校保健中心法》相关条文规定实施赔偿。

总之，日本可依据的法律相对完备，从学校的法律职责到责任认定，再到事故的赔偿，处理明确，可操作性强。只要在伤害事故认定的保险赔偿额度之内，就不再追究学校和教师责任，免责条约为体育教师解决了教学的后顾之忧，教师可以在宽松的工作环境下从事体育教学活动。

三、德国处置校园体育人身伤害事故分析

（一）概况

在德国北莱茵-威斯特法伦州（Nordrhein-Westfalen）进行的多中心研究中发现，体育意外伤害事故的平均发生率为每年2.6%。对于体育学校来说，体育伤害发生的风险要高得多；对于普通学校来说，校园意外伤害事故最常见的是发生在与体育相关的活动中。根据2004年到2008年柏林市和德国全国社会意外保险的数据库资料，体育运动是导致学生校园意外伤害事故的首要原因，校园体育伤害事故的风险主要来源于运动技能的学习以及学校休闲体育运动。数据显示，与体育运动相关的事故比率为

① 周爱光．日本学校体育保险现状的研究［J］．体育科技文献通报，2006，14（2）：37.

33%（柏林社会意外保险）和46.8%（德国社会意外保险）。①在德国北莱茵-威斯特法伦州的16所大学进行的多中心横断面调查中发现，在17~26岁的2855名学生中，有252名学生在体育学习过程中发生过意外伤害事故，发生伤害事故的比例为8.8%。挫伤、压迫和压力占所有类型损伤的50%以上。校园意外伤害事故中，大约有25%的事故发生在上学的路上，其中近60%的伤害事故发生在体育相关课程的学习过程中。②

（二）处置的原则、方式及法律适用

德国属于大陆法系国家，其1971年制定了保护儿童、学生及幼儿的伤害保险法律，从本质上讲，它堪称世界上最早的关于学校伤害补偿的保险法。③这个立法规定了德国学生在各个学习阶段的校园意外伤害事故的保险机制，包括校园体育人身伤害事故的保险机构、赔偿对象、保险金额等多种项目。针对校园体育人身伤害事故，德国保险市场有为学生体育伤害事故专门设计的承保条目，针对不同的伤害事故等级提供不同程度的赔偿金额。例如，在校园体育伤害事故保险中，医学人员确诊学生体育伤害事故为小腿骨折，保险公司会根据小腿骨折的程度对人体器官功能的影响来确定赔付的金额。如果骨折程度导致人体器官功能20%受损，那么事故学生可得到保险金额14%的赔付；如果骨折程度导致人体器官功能完全丧失，比如小腿骨头断裂需要截肢，事故学生可以得到保险金额70%的赔付等不同程度的补偿。

德国法律并没有规定体育教师或教练员对学生的看管在时间上需处于连续的状态，在体育活动中对学生的任何行为也不必严密看管。对于学生，教师只要履行职责、尽好义务，在教师履行

① Federal Statistical Office. University students wintersemester 2005/2006 [R]. Federal Statistical Office [Statistisches Bundesamt], 2008, 11 (4.1).

② RALLER G, MIKOLAJCZ YK R T. Accidents in the context of study among university students: A multicentre cross-sectional study in North Rhine-Westphalia, Germany [J]. Accident Analysis and Prevention, 2010 (42): 487-491.

③ 苏磊. 中小学生校园意外事故赔偿 [D]. 呼和浩特: 内蒙古师范大学, 2012.

义务之外发生的学生人身伤害事故，学校和体育教师可以免除承担责任。根据以往德国司法中的相关判例，德国中小学体育课适用于特殊的监管原则。①例如，中小学的体育教师具有保护学生免受体育意外伤害事故的义务，体育教师必须进行运动安全预防，教师在课前课中要及时检查体育器械、运动场地设施的实时状况，对即将教授的运动项目发出明确的指令，强调运动注意事项，提醒并监管有发生潜在伤害事故的学生谨慎进行体育运动。换言之，它规定体育教师必须事先了解并知晓体育器械及运动场所的状况以及潜在的危险。如果体育教师正确履行了自身义务但仍然发生了体育运动意外伤害事故，则学校及体育教师不承担责任。

德国对一些校园体育人身伤害事故的法院判例显示，司法机构会综合考虑体育伤害事故发生时的一些要素，从而认定校方是否有责任，这些要素包括学生的性别、年龄、认知能力，体育教学活动的类型以及体育教师的干预措施对预防体育伤害事故的影响等。学生的年龄、认知能力不同，会直接导致体育伤害事故的发生，比如学生年龄过小，认知能力发育不完善，对体育运动项目的潜在风险存在模糊的认知等。相对低年级的学生，高难度的课程和教学活动内容、教师对于学生学习能力的高估等，也可能直接导致学生发生体育伤害事故。比如体育教师安排小学三年级的学生学习跳马，这本就是一项不恰当的体育教学内容。跳马运动存在潜在的高危危险，小学三年级的学生年龄较小，认知危险的能力也没发育成熟，所以如果在课堂上出现学生意外伤害事故，教师因存在过失，学校和教师就会被判定承担相应责任。

针对学校体育伤害事故，德国早期依据公法上的有关损害补偿法则，即通过“特别牺牲补偿”的形式，承担着学校体育伤害事故的补偿义务。德国 1964—1967 年有关体育伤害事故的判例，

① 胡劲松．德国中小学教师对学生的监管义务［J］．比较教育研究，2006（12）：57-62.

主要就是依据“特别牺牲补偿”的法律理论进行补偿。[①]近年来，德国司法机构认为，如果校园体育人身伤害事故严重到超出事故学生的家庭经济承受力，即使校方按照规定完成了应该履行的责任与义务，校方也应当考虑给予受伤的学生某种程度上的经济补偿。关于赔偿的资金来源，德国政府也是通过保险的途径予以解决，并采取鼓励建立风险基金、减免保险公司经营费、给予政府补贴等措施促进学校体育保险的发展，以解决学生人身伤害事故的赔偿资金问题。

德国在学生校园体育伤害事故赔偿问题的处理上依赖于成文法。成文法主要是指国家机关根据法定程序制定发布的具体系统的法律文件。在学生体育伤害事故赔偿的归责原则上，德国主要依据过错推定责任原则。一旦发生校园体育人身伤害事故，执法机构首先推定校方是否存在主观过失，而校方则可以通过提供各种证据证明自己已履行应尽的义务，以免除承担伤害事故的责任。在德国，公立学校的教师和职工为国家公务人员，而国家公务人员在工作中的失职造成的损失由国家承担。因此，教师在履行了应尽义务之外发生的学生体育伤害事故，学校是不用承担任何责任的。

第二节 发达国家校园体育人身伤害事故案例处置的实证分析

校园体育人身伤害事故的责任问题主要是侵权行为法问题，通过研究，我们发现中外对相同问题的司法处置既有相似也存有差异。根据本研究前面的分析，在我国，学校与学生是教育与被教育的关系，而非委托监护关系，学校与学生的法律关系是教育、管理和保护的关系。在西方发达国家，同样不认可学生与学校之间是委托监护的关系，从各国审理的校园体育伤害案件来

① 于丽娜．学校事故责任研究［D］．济南：山东大学，2006.

看，教师对学生只负有“照顾和保护的责任”。本研究通过以下典型案例对国外处置校园体育人身伤害事故的法律归责问题进行深入的分析，以探寻对我国处置校园体育人身伤害事故的启示。

【案例一】法国一个幼儿园的儿童在活动期间从滑梯上摔下，导致身体受伤，而当时幼儿园的老师正在照顾其他儿童，没有注意到受伤儿童的行为。

【案例二】加拿大一个中学的50名学生在体育馆进行体育活动，一名教师没有对学生的活动秩序进行管理，而是让学生自由活动，结果一名14岁的学生在和同学打闹时受伤。

［分析与处理］在案例一与案例二中发生人身伤害事故的当事人，一个为幼儿园儿童，一个为14岁的中学生，他们都是未成年人，都是上课期间受伤。但案例一中教师在案发现场，当时正在照顾其他儿童。而案例二中的教师没有对学生加以管理，并且不在事故现场，没有对潜在的危险进行预防。因此，对于案例一的处理为：法院认为教师并不是万能的超人，不能同时照顾到所有儿童，据此判定教师不承担责任。案例二的处理为：法官认为青少年学生在体育运动时容易发生伤害事故，教师应该要有风险防范的意识，教师在学生进行体育活动时不加管理，导致学生受伤，因而判定侵权成立。

由此可见，在国外，学校、教师必须对学生面临的潜在风险及时进行预防，对学生的活动加强管理。教师管理的程度根据学生活动的性质和环境确定，学校管理的义务主要是从总体上尽责，而不局限于特定的人或区域。

【案例三】美国一位学生在橄榄球比赛中被橄榄球击中胃部，当时感觉不舒服。教师把该学生安置到休息室中休息，并盖上毛毯防止感冒。后来该生上厕所时发现有尿血的现象，指导教师及时把该生送往医院治疗。事后学生将学校起诉到法庭。

【案例四】在新西兰一所学校组织的橄榄球比赛中，一位参加比赛的学生感觉不舒服，感到头晕并有呕吐发生。教练让他在休息室休息，其间该生病情恶化。直到家长晚6时45分赶到学校前，教练和学校均未做进一步处理。后该生于次日死亡。

［分析与处理］在案例三中，学生被橄榄球击中后，并没有直观的受伤或尿血发生，只是感到不舒服，直到学生上厕所后发现有尿血现象，指导教师及时把该学生送往医院进行治疗。而案例四中的学生在比赛中出现头晕和呕吐现象，从外观可判断出问题的严重性，但教练只是让他到休息室休息。该学生病情恶化后，学校和教练未做进一步处理，导致学生治疗不及时并死亡。因此，对于案例三的处理为：法官认为教师在学生身体出现不适情况后已及时采取了适当的措施，得知学生尿血后又立即把学生送往医院治疗，教师履行了责任，处理过程并无不当，故驳回学生的起诉。而案例四的处理为：法院认为教练忽视学生的病情，虽然让学生到休息室休息，但提供的措施不完备，而且未能及时将学生送往医院救治，延误了治疗时机，应承担责任。

由此可见，国外法官认为教师不是医生，法院也不建议教师承担医生的职责。但遇到学生在体育活动中发生意外伤害时，基于人本理念，及时提供适当的紧急救助措施（first aid）是教师的基本职责。在救护车到达之前，实施紧急救助措施的目的一是防止受伤者病情进一步恶化，二是维持受伤者的生理需求。

【案例五】在美国一所学校的体操课上，教师未做正确的示范动作，直接让学生进行体操跳马练习。因跳马器材年久失修，其中一个撑杆不稳定，导致练习中一名学生意外摔倒，口腔严重受伤。

【案例六】英国一个 11 岁的小学生右臂有骨折损伤的病史，在其上体育课时，教师了解小学生的伤病史，但并没有引起特别重视。在安排学生做倒立动作时，该名小学生摔倒导致其右臂再次骨折。

［分析与处理］在案例五中，教师没有做正确的示范动作，并且在课前未对要使用的器材进行安全检查，导致学生受到意外伤害。在案例六中，首先，教师已了解学生有手臂骨折史，但在组织学生进行体育活动时并没有特别注意；其次，教师没有根据

自己的专业判断，未考虑学生的年龄与能力，让11岁学生做高难度的倒立动作，使得学生再度骨折。因此，对于案例五的处理为：法院认为教师教学前没有给学生示范正确的跳法，而且还未对使用器材做安全检查，因而认定教师负有一定责任。对于案例六的处理为：法院认为教师完全未尽照顾学生的责任，职业行为存在明显不当之处，应承担法律责任。

由此可见，在国外，教师有警告和注意的义务，对于学生在体育活动中的危险情形，教师有义务提出警告，并讲明注意事项及活动要求，工作中未及时提出适当的警告是教师承担事故责任的主要原因。另外，国外法庭在审理这类案件时，并不一味地偏护学生，尽管教师有警告和注意的义务，但学生的行为必须是合理的，否则教师不必承担责任。

【案例七】在美国一所学校的体育活动课上，教师指导学生做专题跳跃练习，经过技术动作的讲解与示范后，学生分组练习，教师去了趟洗手间。教师回来后发现，一学生违背教师要求做其他的动作，不慎用脚钩住另一名同学的脚而使其摔倒受伤。随后，学生家长把教师告上法庭，指控教师当时不在教学现场致使学生受伤。

[分析与处理] 在该案例中法官调查后认为，造成学生受伤的原因是另一名学生没有遵守教师安排，做与课堂无关的动作致使学生受伤。如果学生不遵守教师的教学指令，即便是教师事发时在教学现场也未必能阻止这种突发事件，教师的暂时离开和学生的受伤不存在实质性的因果关系。法庭判定教师不承担责任。

由此可见，美国在判定侵权责任时主张近因原则。近因原则（proximate cause）是民事侵权行为法上的一个基本原则，是指行为人的侵权行为与所造成的伤害结果之间必须有实质性的因果联系，才能判定侵权行为成立。换句话说，行为人的过失不一定是造成伤害的唯一原因，只有存在实质性因果关系的因素造成的伤害，才是判定侵权责任的主因。这就要求教师的过失行为必须和学生受伤有实质性的因果联系，否则即便是教师有过失行为，也可能不用承担责任。

【案例八】在美国，一名17岁学生在上体操课时，因疏忽跳马落地时左脚受伤不能走路，教师把她送到医院检查后发现她左脚脚踝骨折。家长将教师和学校告上法庭要求承担责任。

[分析与处理] 这名学生年龄为17岁，对跳马动作的危险性有一定的认识且事发时指导教师在现场，因学生自身的疏忽大意而导致受伤，之后被教师送到医院进行检查治疗，教师履行了事发后照顾学生的职责。法庭经过审理后判定该学生与教师、学校之间形成共同过失，共同承担责任。

由此可见，在美国，共同过失是法庭裁定侵权责任的另一重要原则，学区、学校和教师也经常将共同过失作为法庭抗辩的理由。在学生体育伤害案件的司法实践中，法庭在做出侵权责任是否成立的判决前，必须考虑到学生的年龄、智力及学生的运动经验等因素。学生的年龄是首先要考虑的因素，特别是未成年的中小学生。想要认定为共同过失，关键在于证明学生能够认识到自身行为的危险性，却没有给予足够的重视，最终导致事故的发生。反之，就不能认定为共同过失。

第三节　发达国家处置校园体育人身伤害事故对我国的启示

一、发达国家处置校园体育人身伤害事故的经验

通过分析发达国家在处置校园体育人身伤害事故方面的做法与策略，可见发达国家对校园体育人身伤害事故问题高度关注。发达国家法制较为健全，法律体系较为完备，各国针对校园体育人身伤害事故先后出台的专门法律明确了家庭、学生、学校、教师之间的法律关系，界定了相关各方的法律职责，对事故的处理都有特殊的法律规定和保护机制，并建立了以国家或自治体等为赔偿主体的赔偿救济制度。

日本在处理校园体育伤害事故时，从校方的法律职责到责任

认定，再到事故的赔偿，处理方式明确，具有很强的可操作性。美国与德国在校园体育人身伤害事故的归责原则上，尽管表述上不一致，但本质上都是遵循过错责任原则，并不是一味地追究学校的责任。针对校园体育人身伤害，美国法律主要依据“甘冒风险”理论，要求学生本人自行承担风险，再通过体育保险获得保付赔偿。体育保险在美国、日本、德国等发达国家已是一个专项保险项目，包括完善的体育保险制度、专门的体育保险公司以及体育保险中介公司。[①]发达国家的体育保险全面覆盖了校园体育运动，对于规避学校体育教育事故风险有着不可或缺的作用。在日本，体育管理体制是政府与社团相结合的管理体制，体育活动主要集中在学校并由教育管理部门管理。[②]当然，美国、日本的校园体育也面临着伤害事故风险的处理问题，大多数学校首先通过保险对受伤学生进行赔偿，如果家长对赔偿数额不满意，则通过法律诉讼程序解决争端。由于有了良好的解决机制和保障体系，体育伤害事故并没有让美国、日本等国家的学校和学生对体育运动望而却步，而是通过体育教育来培养学生的健全体格和人格。

在我国，尽管教育部颁布的《学生伤害事故处理办法》对学生在校期间所发生的伤害事故的预防与处理提出了一些意见，但由于体育运动项目的特殊性和复杂性，致使此办法对校园体育伤害事故的处理仅仅具备指导性，在实践操作层面其法律机制还不够完善。[③] 1995 年，我国颁布《中华人民共和国体育法》，随后又陆续颁布了一系列关于校园安全以及未成年人保护的法律法规，尽管这些法律法规对我国校园学生伤害事故的责任认定、事故处理程序、事故损害的赔偿及事故责任者的处理等方面作出了

---

① 曾庆欣．国外学校体育伤害的防范处理对我国的启示［J］．河北师范大学学报（教育科学版），2011，13（8）：52-55.

② KENJI S. Sports law in Japan［J］. International Sports Law Review，2002，5（2）：187-194.

③ 黄世席，陈华栋．日本体育法及其对我国相关体育立法的借鉴［J］．体育与科学，2006，27（2）：67-74.

相应的规定，但针对校园体育人身伤害事故，我国目前还没有一部直接规范它的法律法规，校园体育伤害事故的责任认定只能依据《民法通则》和《侵权责任法》的相关条款进行。此外，《学生伤害事故处理办法》只属于部门规章，在效力及适用范围上远不及法律法规，其中还存在着一些与法律的基本原理相抵触的地方，用以解决复杂的校园体育人身伤害事故实践问题时往往缺乏操作性。

二、发达国家的经验对我国处置校园体育人身伤害事故的启示

（一）完善校园体育人身伤害事故的风险管理机制

针对校园体育人身伤害，我国多数学校采取了风险回避的方法。为避免体育伤害事故的发生，学校体育课的内容设置主要以培养学生的体育活动兴趣为主。由于怕学生发生意外伤害，体育教师在课堂上消极应对，人为降低课程难度和运动强度、减少学生身体的对抗性活动。还有越来越多的学校限制甚至取消铅球、单双杠、体操等危险系数较高的体育运动项目。学校和体育教师采取这种简单的风险回避的方法，值得我们认真反思。风险回避是风险控制中的一种简单消极的风险处理方法，学校采取这种方法，看似一定程度上降低了学生体育伤害事故的风险，但本质上导致学生体育项目学习权利受到严重的损害，不利于学生身体的健康成长。然而这种消极的风险回避方法，得到了很多学校的青睐，这也无不体现出当今学校在面对体育伤害事故问题处理时的压力。2018 年，上海一所中学的两个班级进行足球比赛，当事人小汪、小于均不满 14 岁，小汪运球，小于从后面抢球，两人相撞后倒地，导致小于锁骨骨折。事后，小于父母将学校、小汪及其家人告上法庭，请求赔偿包括医药费、护理费和精神抚慰金近 16 万元。上海法院的一审判决无视体育运动中“甘冒风险”的原则，支持了原告方的不合理诉求，判定三方共同承担责任，学校、小汪赔偿小于各 1 万余元的损失。小汪父母不服一审判决提起上诉，法院重新审理后判定小汪不应承担赔偿责任。近些年

来，学生因在体育运动中受伤起诉学校，学校和体育教师被判承担责任进行赔偿的报道屡见不鲜，这些案例难免会让一些学校和体育教师心生畏惧，所以往往会采取不惜以牺牲学生的健康体质为代价来降低学生体育运动的风险。这种做法无异于“因噎废食”，对于我国广大青少年体质健康水平的提升的负面影响不可忽视和低估。

2015年4月教育部印发了《学校体育运动风险防控暂行办法》，从当年6月开始实施。其中明确规定，学校组织学生参加体育锻炼活动应当加强体育运动风险防控工作；学校体育运动风险防控遵循预防为主、分级负责、学校落实、社会参与的原则；教育行政部门和学校应当建立健全学校体育运动风险防控机制，预防和避免体育运动伤害事故的发生。但是，《学校体育运动风险防控暂行办法》的印发也只能让学校在面对体育伤害事故发生时不再退缩，为学校提供一个大方向，具体在各级各类学校建立健全体育运动风险防控机制时仍需要多方共同努力。在实践领域，具体的风险控制措施是了解这些体育伤害事故发生的频率以及发生的原因，从而建立预防策略。①而对风险的管理要从改变风险因子的性质、风险发生的概率和风险后果的大小等三个方面入手，通过采取风险回避、风险转移、风险降低、风险自留和风险应急等措施，对校园体育伤害风险进行管理。②

（二）制定我国校园体育人身伤害事故处理的法律法规

通过对我国校园体育人身伤害事故的处理办法进行分析，我们不难看出我国相关法律法规的特点。一是在归责原则上，以过错责任原则为主，公平责任原则为辅。在学校和学生均无过失的情况下，由体育项目本身存在的风险引起体育伤害事故时，我国法律判定为意外事故，学校和学生均依据公平责任原则承担意外

---

① 石岩．我国优势项目高水平运动员参赛风险的识别、评估与应对［J］．体育科学，2004，24（8）：1-6.

② APPENZELLER H. Risk management in sport：issues and strategies［M］. 2nd ed. Durham：Carolina Academic Press，2005：3-9.

事故的责任。从本质上讲，这在无形中扩大了学校的责任。二是在免责抗辩上，缺乏事故免责制度，使得众多学校滋生了“不做不错，多做多错”的错误观念，限制了学校体育运动活动的广泛开展，减少了学生对体育运动项目的学习，客观上阻碍了学生身心健康的发展，同时也不利于学校体育的长远发展。

因此，我国法律需要明确规范和保护学生、家长、教师和学校的合法权益，制定有针对性的校园体育伤害事故处理办法和法律法规，对校园体育工作予以法律保障。我国应通过专项立法，增加对校园体育的财政投资，保证校园基本体育设施的完善，减少陈旧体育设施的安全隐患，尽量降低校园体育人身伤害事故的发生率。我国学校体育教育有着固有的特殊性，应针对校园体育人身伤害事故的实践，借鉴欧美等发达国家由教育主管部门成立相关组织机构、明确相关责任、制定专门的校园安全法律法规的做法，以有效解决校园体育人身伤害事故赔偿责任这一顽疾。

（三）制定强制性的校园体育安全保险制度

我国的体育保险仍然处于起步阶段，虽然 2008 年北京奥运会在一定程度上促进了体育保险的发展，但当前尚缺少专门性的体育保险公司。专门性的体育保险类产品，也仅仅局限在游泳馆公众责任保险、滑雪意外伤害保险及滑雪场公众责任保险等为数不多的险种上。校园体育保险目前更多集中在教育系统的各级体育协会组织的各类体育比赛中，而且仅仅为参赛的学生运动员购买意外伤害险，惠及广大学生的校园体育意外伤害保险产品仍然是我国保险业的一个巨大缺口。体育运动本身就存在着许多潜在风险，运动过程中出现事故的概率明显高于其他活动。而我国的体育保险发展缓慢，同时缺乏有关体育保险的法律法规，对校园体育安全管理做不到充分的保障。因此，我们借鉴一些发达国家的体育立法规范，强行推出校园体育保险是一个切实可行的办法。具体来说，既可在修订《体育法》时加入校园体育保险的相关规范，也可参照《机动车交通事故责任强制保险条例》制定专门的有针对性的校园体育强制保险条例。①

本章小结

本章的研究以一些发达国家校园体育人身伤害事故现状及事故处置为切入点，研究分析了美国、日本、德国等国家处理校园体育人身伤害事故的处置原则、处理方式方法及法律适用等重要问题，结合我国法律现状、教育管理体制及体育教育的实际，展开与我国校园体育人身伤害事故处置的比较研究。通过分析，我们归纳出部分发达国家在处置校园体育人身伤害事故中对我国的启示，为我国有效管控校园体育人身伤害风险及妥善处置校园体育人身伤害事故提供参考。

研究认为，美国校园体育人身伤害事故的责任问题主要是侵权行为法问题，校园体育人身伤害事故的归责主张过错责任原则。当学校和学生都无过错，而是由于体育运动自身存在的风险引起伤害事故时，美国一般依据“甘冒风险”理论，而不是无原则地追究校方和教师的责任，在此情况下由学生自己承担责任，再通过体育保险获得补偿与救助。总之，美国强调了自我责任感，通过体育保险制度将个人风险转由社会、学生、学校共同分担，从而减轻学生和校方的压力。美国校园体育人身伤害事故的赔偿主要来自体育保险，美国的体育保险比较完善，几乎涵盖了学校的所有体育活动。

日本全面详细地规定了学校、学生、家长的职责，对校园体育事故进行了细致的归类，并依法处置。日本特别注重学校的安全立法，针对校园体育人身伤害事故的处理具有一套完善而具体的法律保障体系和规章制度，为校园体育伤害事故的处理提供了充分的法律依据和有效的运作机制。同时，日本许多地区还颁布了符合该地区的地方性法规以作补充。在处理校园体育人身伤害

① 刘庆谊．如何防止普通高校体操课中的伤害事故［J］．兰州商学院学报，2002，18（3）：123-124.

事故赔偿方面，日本主要依靠多种保险的途径来实现，体育保险是处理校园体育人身伤害事故直接而有效的方式。日本的学校体育保险机制比较完善，承担保险费用的主体是国家或公共团体，具有很强的公益性和可操作性。日本学校教育保险规定了“免责特约”，在该保险赔偿额度之内不再追究学校的责任，免除了学校和教师的赔偿责任，免责条约为体育教师创造了宽松的教学环境。

在校园体育人身伤害事故赔偿的归责原则上，德国主要依据过错推定责任原则。德国对学生的校园伤害有专门的保险制度，明确规定了从幼儿园到大学阶段的校园意外伤害事故的保险机制，包括校园体育人身伤害事故的保险机构。德国保险市场有为学生体育伤害事故设计的专门承保条目，针对不同的伤害事故等级提供不同程度的补偿金额。教师只要履行职责、尽好义务，在此之外发生的校园体育人身伤害事故，学校可以免除承担责任。德国政府通过建立风险基金、减免税、补贴保险费、承担保险机构经营管理费等措施辅助学校体育保险发展，以解决学生人身伤害事故的赔偿资金问题。

针对校园体育人身伤害事故，一些发达国家明确了家庭、学生、学校、教师之间的法律关系，界定了相关各方的法律职责和责任范围，对事故的处理都有专门的法律规定和保护机制，并建立了以国家或自治体等为赔偿主体的赔偿救济制度。这些发达国家的体育保险全面覆盖了校园体育运动，对于规避学校体育教育的事故风险有着不可或缺的作用。在体育伤害事故的处理上，这些发达国家的多数学校首先通过买保险作为事故赔偿的手段，如果家长对赔偿不满意，则通过法律途径进行解决。体育伤害事故并没有让美国、日本等国的学校和学生对体育运动望而却步。

我国在 1995 年颁布了《中华人民共和国体育法》，在 2002 年颁布了《学生伤害事故处理办法》，尽管这些法律法规对学生伤害事故的责任认定、事故处理程序、事故损害的赔偿及事故责任者的处理等方面做出了一些的规定，但目前还没有一部直接规范校园体育人身伤害事故的法律、法规，伤害责任认定只能依据《民法通则》和《侵权责任法》。此外，《学生伤害事故处理办法》只属于部门规章，在效力及适用范围上远不及法律法规，还存在着一些与法律的基本原理相抵触的地方，在解决复杂的校园体育人身伤害事故实践问题时往往缺乏操作性。

一些发达国家的做法和经验对我国处置校园体育人身伤害事故的启示有：（1）完善校园体育伤害事故的风险管理机制。我国许多学校采取的校园体育伤害事故中的风险回避方法，看似一定程度上控制了学生体育伤害事故的风险，实质上导致了学生体育项目的学习权利受到严重的损害，不利于学生身体的健康成长。（2）制定校园体育伤害事故处理的法律法规。我国在处置校园体育伤害事故时主要以过错责任原则为主，公平责任原则为辅。当学校和学生均无过失时，学校和学生均依据公平责任原则承担意外事故的责任，这在无形中扩大了学校的责任。此外，在免责抗辩上，我国法律缺乏事故免责制度，限制了学校体育运动活动的广泛开展，客观上阻碍了学生身心的健康发展。我国需要制定有针对性的校园体育人身伤害事故处理法律法规，对校园体育工作予以法律保障。（3）制定强制性的校园体育安全保险制度。我国校园体育保险目前更多地集中在教育系统各级体育协会组织的各类体育比赛中，而且仅仅为参赛的学生运动员购买意外伤害险，惠及广大学生的校园体育意外伤害保险产品仍然是我国保险领域的一个巨大缺口。我国的体育保险发展缓慢，缺乏有关体育保险的法律法规，对校园体育安全管理做不到充分的保障。因此，我们要借鉴一些发达国家的体育立法规范，强行推出校园体育保险是一个切实可行的办法。

第五章　我国校园体育人身伤害事故的风险管理

第一节　我国校园体育人身伤害事故风险概述

校园风险是一个集合体，包括致使校园人员伤亡、财产损失、形象受损的一切因素。全面识别校园风险，是开展校园危机管理的前提。①由于体育运动本身的竞争性、对抗性及不确定性等特征，学生在体育运动中更容易发生意外伤害，体育运动风险一直是校园风险的主要风险源之一，体育运动领域风险发生的频率较高，引发的后果也较为严重。据有关部门的初步统计，意外伤害事故已成为我国中小学生死亡的第一原因，而因学校体育活动引起的就约占60%，并有逐年上升之势。②可见，对学校体育进行有效的风险管理，是关乎学校体育正常开展和学生健康发展的大事。随着“阳光体育运动”的广泛开展，学校体育活动形式日趋多样，学生参与体育运动所面临的各种风险也随之增加。学校体育运动风险的不可避免与我国学校体育蓬勃发展之间的矛盾越来越严重，在一定程度上阻碍了学校体育事业的健康发展。因此，如何有效地防控校园体育运动风险，减少体育伤害事故的发生，是一个亟待解决的重要问题。

关于校园体育运动风险，根据2015年教育部颁布的《学校

---

① 唐钧，张益锋，陆美霖．全面识别校园风险　科学开展危机管理［J］．中国减灾，2010（4）：23-24.

② 郑柏香，白风瑞，邹红，等．学校体育风险管理中的几个理论问题探讨［J］．体育与科学，2009，30（6）：90-92.

体育运动风险防控暂行办法》，可将其定义为：校园体育运动风险是指教育行政部门和学校组织开展或组织参与的体育教学、课外体育活动、课余体育训练、体育比赛，以及学生在学校负有管理责任的体育场地、器材设施自主开展的体育活动过程中可能发生人员身体损伤的风险。①根据本研究对风险概念的界定，即风险是指在特定的时间、空间以及其他与之相关的条件下，某一事件未来结果发生的不确定性，并由此导致的损失或损害发生的可能性。从体育运动风险特征分析，体育运动风险属性主要是静态风险和纯粹风险。对于个体和社会来说，静态风险都是纯粹损失，一般均为纯粹风险。体育运动中存在的静态风险通常造成的损失只影响到少数个体，具有一定的规律性。纯粹风险中的责任风险是指按照法律规定，当一个人因疏忽或过失造成他人人身或财产损失时，过失人负有损害赔偿责任。因此，从体育运动意外事故造成的人身伤害的后果来看，体育运动风险属于纯粹风险的范畴。校园体育人身伤害事故的风险往往由体育活动的不利条件或者干扰事件引起，具有不确定性和突发性，其后果导致学生可能会受到不同程度的人身伤害。校园体育运动风险范围较广，主要有来自学生自身的风险、来自体育教师的风险，以及来自活动场所、环境和其他方面的风险。也就是说，风险不仅仅存在于学校和体育教师组织的体育教学、训练竞赛活动中，只要在学校管理的体育场所学生自发进行的体育运动中均存在着意外伤害的风险，而且这些风险还包含着人为因素和场地、器材引发的非人为因素。由此可见，任何学校体育活动都存在着潜在的风险，有些风险是事先可以预知和预防的，有些风险却是事先无法预料的。但无论如何，学校体育活动中发生的任何意外伤害风险事故都会对学校体育教育活动产生不同程度的影响。

校园体育活动风险产生的时间不可预知，但其产生的空间范

---

① 中华人民共和国教育部．学校体育运动风险防控暂行办法：教体艺［2015］3号［EB/OL］．（2015-04-30）．http://www.gov.cn/gongbao/content/2015/content_2901393.htm.

围是相对稳定的。根据学生参与学校体育活动的基本情况，学校体育风险主要分为两大类，即体育教学组织风险和课外体育活动组织风险。从学校体育风险的发生领域来看，风险不仅可能发生在体育课堂上，也可能发生在学校体育的其他领域。校园体育活动中存在的风险主要有教学运作风险、场地器材风险、责任风险、人身安全风险、财产安全风险和环境风险等。研究数据显示，近80%的中小学体育教师表示其所在的学校发生过体育伤害等风险事件，超过65%的中小学体育教师表示体育风险问题与学校体育活动的“缩水”现象关系紧密，已经成为影响学校体育发展的重要因素。另外，近40%的体育教师表示学校会限制开展风险性较大的运动项目来尽量减少风险的发生。[①]面对如此众多的校园体育运动风险，需要各级各类学校对体育活动组织者和体育教师做出合理安排和正确决策，使学校体育教育在健康、安全的轨道上顺利地进行。学校体育教育组织者和广大体育教师必须对学生参与体育活动中存在的风险有全面的预判和认识，并在认识和评估这些风险因素的基础上优化组合各种技术手段，对运动风险进行预先的防范和有效控制，尽最大可能消减运动意外伤害对学生、教师及学校的不良影响。

第二节　我国校园体育人身伤害事故风险识别与评估指标体系构建

一、校园体育人身伤害事故的风险识别过程

风险管理流程包括风险识别、风险评估、风险决策和风险监控四个主要阶段。风险识别是整个风险管理工作的基础和起点，风险管理的其他环节都必须以风险识别的结果为基础来开展。校园体育人身伤害事故的风险识别以管理风险为基本组成单元，在体育课程教学活动开始之前，教师要提高对风险发生概率的预判

① 瞿虎翔．我国中小学体育风险识别与应对研究［D］．郑州：河南大学，2010.

和识别，这样可以有效地规避一些意外伤害事故的发生。风险识别包括两个非常重要的环节，即风险感知和风险分析。风险感知是进行风险预判的主要方式，人们通过系统性的思考和综合性的判断，可以对潜在风险的类型、性质，以及发生的时间和方式进行预测。风险分析可以对风险产生的原因、风险的变化规律和风险对人们造成的影响做出基本判断。风险识别作为风险管理中至关重要的要素，是有效防范风险发生的前提。风险识别的主要目的在于准确地预估风险存在的可能性，针对潜在的危险因素及时提出预警，并对可能造成的损害后果进行预判，做出相关的风险因素评估，最后提出合理、科学的解决措施。

由于风险本身多种多样且一般情况下不受人的行为所控制，所以人们没有办法做到对所有的风险都事先预防，但仍需要对识别出的风险进行重点关注，因为该类风险具有一定的可控性。为此，在校园体育人身伤害事故的风险识别上，首先是能够及时地发现并确认风险源。①一般而言，校园体育人身伤害事故总的风险源在于学校的安全管理上，安全管理到位，就能够使风险在可控的范围内，也就能够让教师、学生加以识别并进行风险预防。如果学校没有在校园体育人身伤害事故方面加以严格的防控管理，那就会生成学校管理方面的风险源。而在管理风险源的基础上，还会细分为体育教师方面的风险源和学生方面的风险源，以及体育活动环境方面的风险源。校园体育人身伤害事故的风险源如图 5-1 所示。

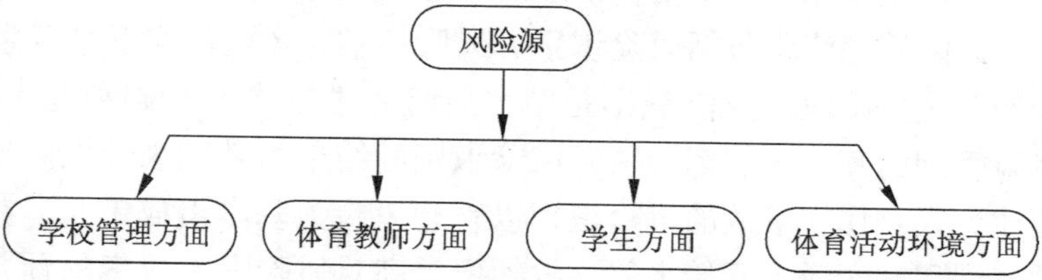

图 5-1　校园体育人身伤害事故的风险源

① 李远乐．体育安全学［M］．长春：东北师范大学出版社，2013.

（一）学校方面的风险识别

在校园体育人身伤害事故的风险识别上，首先是来自对学校管理方面的风险源的识别，也就是说，这类风险主要是由于学校疏于安全管理，没有将体育人身安全作为首要任务来抓造成的风险，具体识别如下：

学校管理方面：学校是否建立了校园体育人身伤害事故防控管理监督机构，如是否成立了学生体育活动安全委员会、校园体育安全检查组等；是否建立健全了校园体育运动安全管理制度；是否建立了校园体育人身伤害事故的应急预案；是否定期组织体育教师、学生进行体育运动安全教育和急救培训等。

教学活动方面：学校是否对体育教师的课程进行安全评估；是否对体育课关键环节进行实时检查；在学生课间体育活动中，是否安排人员定期进行现场检查；是否能够对体育活动中学生出现的异常情况及时发现和处理；是否对处于青春期的学生进行有关生理卫生方面的教育，以及是否在体育活动中及时提醒学生相关安全注意事项等。

学校安全管理投入方面：在校园体育人身伤害的风险识别上，还要从学校是否进行了相应的安全投入进行风险识别。如学校是否对体育场地、设施、器械等进行定期检修和更换；是否配置了急救需要的药品和器械；是否聘请安全管理员定期对体育教师、高年级学生进行现场救护培训；等等。这些都与学校在安全管理方面的投入直接相关。学校安全管理上没有投入或投入不足，势必会影响到校园体育人身伤害事故的风险防控。

（二）体育教师方面的风险识别

在校园体育人身伤害事故的风险识别上，体育教师责任重大。体育教师大多直接参与学生的体育活动，因此，体育教师的风险识别对有效防控校园体育人身伤害的发生极为重要。体育教师的风险识别主要从主观和客观两个方面入手。

主观方面：体育教师是否重视体育人身伤害风险的管理；是否在主观意识上始终将安全作为体育活动的基本点，无论是体育课活动，还是课间体育活动都能够绷紧安全这根弦。如果体育教师从主观思想上能够清楚地意识到体育活动必须是建立在安全之上的，没有安全保障的体育活动是绝对要避免的，那么他才能够在教学活动中最大限度地规避风险，将体育运动伤害降到最低点。如果体育教师在主观思想上没有将体育运动安全风险始终挂在心头，总是抱有侥幸心理，认为不会出现什么人身伤害事故，那么势必会使体育教师放松对体育活动中人身伤害风险的防控，导致体育运动意外伤害风险的发生概率上升。

客观方面：体育教师在体育教学活动中有变相体罚学生的现象，如让一些违反体育课堂纪律的学生围着操场跑步，让学生罚站，或者让学生连续进行仰卧起坐、俯卧撑、引体向上等以示惩戒等；对学生有语言上的呵斥、谩骂；在活动前没有让学生进餐、没有指导学生进行充分的准备活动，在体育课结束前没有进行放松活动等。再有就是体育活动的安全防护工作不到位，如开展单杠体育活动时教师没有在一旁保护，造成学生脱手摔下来；跳马、跳箱活动因垫子不够长或不够厚，造成学生落在地上；跳远的沙坑没有调整充分等。最后就是体育教师超出体育教学大纲要求，让学生进行超出身体承受能力的高强度运动，以及在技术指导上不够正确，没有着重强调容易出现风险的动作环节。另外，在体育活动中教师是否与学生一起进行相关的体育人身伤害应急救助演练，也是值得识别的风险所在。

（三）学生方面的风险识别

在识别学生方面的风险源上，首先要了解和判定学生是否正确掌握了教师教授的体育动作要领、体育项目的技术要求，是否按照体育教师的要求和指导正确地进行体育活动。其次要识别学生是否遵守体育课堂纪律，是否进行非体育课堂教学类的危险运动，如在体育课上攀爬篮球筐、用挖沙坑的铁锹打闹等；学生是否将自己的特异体质和身体疾病告知教师；学生对自己的体质、体能不了解，在没有安全防护的情况下进行了一些高难度的动作练习，如学生在没有防护的情况下进行跳马、在沙坑外进行跳远等。最后，学生没有养成安全意识，体育课上纪律松散，尤其是一些处于青春期的女学生，没有足够的自我保护意识，有时为了能上体育课而隐瞒身体状况欠佳等。

（四）体育活动环境方面的风险识别

在体育活动环境方面，目前不少学校在体育场地、设施、器材等方面的风险识别制度还不够完善，如跳远场地的沙坑是否始终保持松软，单杠、双杠、篮球筐的立柱是否生锈，跳箱的木板是否牢固等。在体育场地、设施和器材的风险识别上，不仅需要学校严格按照器材使用年限进行安全检查，还要根据教学实际进行相应的补救，以便保证体育场地、设施和器材始终处于良好状态，而针对这方面的风险识别也是必要的。当然，在一些研究中，不少学者将体育活动环境纳入学校管理方面的风险识别范围。本研究将其单列出来，一方面是提高对非人为因素的风险识别，另一方面是希望学校重视对这些风险源的控制。

二、校园体育人身伤害事故风险评估指标体系构建

为客观准确地分析引发校园体育人身伤害事故的风险因素，在风险识别的基础上，本研究引入层次分析法来确定风险因素集。层次分析法运用在校园体育人身伤害事故的风险评估上，主要是根据层次分析法的基本原理，将校园体育人身伤害风险源指标进行比照，并做出具有可信度的评价。①层次分析法需要对各指标的权重进行分配，并对指标的权重进行比较，将指标由权重最高一直排列到权重最低，再对每个因素的重要性进行相关具体的分析，通过对指标之间的分析比较，确定各个指标自身的权重。由于学校情况的特殊性，运用层次分析法的模型进行计算并不现实，更不实用。因此，本研究以权重评估和列表排序等方法，对涉及的各个风险源进行权重指标评估。为此，我们成立了由学校领导、体育教师、专家等组成的评估小组，四位专家中有两位是来自不同大学的教授，另两位来自市教育主管部门的教研机构。

① 石岩．中小学体育活动风险管理［M］．北京：北京体育大学出版社，2012.

评估小组首先对学校体育人身伤害事故风险进行评估，针对各个风险因素逐项进行权重评分，然后进行汇总，以便得出哪些因素所引发的校园体育人身伤害风险事故较重，哪些较轻，从而指导学校领导和教师对易发生风险事故的因素进行风险预警和有效防控。

经过评估小组多次讨论，参照有关文件规定并借鉴国内外已有的研究成果，最终得出校园体育人身伤害事故风险评估可以选取的评价指标：学校管理、体育教师、学生、体育场地、体育设施和器材等。这里既有主观因素，也有客观因素，最终以对有效防控体育人身伤害事故风险的影响程度为权重评估原则，筛选出学校管理、体育教师、学生，以及体育场地、设施、器材这四项为评估对象，分别赋予权重。其中，学校管理和体育教师的权重为70%~90%，学生的权重为50%~70%，体育场地、设施、器材的权重为30%~50%，从而获得对四个目标值的评估分数，还有专家的加权系数表。①具体见表5-1和表5-2。

表5-1　校园体育人身伤害风险因素权重评价表

风险事故类型	学校管理/%	体育教师/%	学生/%	体育场地、设施、器材/%
A	90	60	50	40
B	80	80	60	40
C	70	90	70	40

由表5-1可以得出A、B、C三个风险事故类型在四项考核目标方面的权重得分，即A是240，B是260，C是270，那么C类风险事故属于高发，需要重点防控。

① 袁夕坤．学校体育运动伤害事故风险的控制及应对策略［J］．南京体育学院学报（自然科学版），2014，13（6）：118–121.

表 5-2　专家对四项目标权重的评价表

风险源	专家 1	专家 2	专家 3	专家 4	加权平均数
学校管理	4	8	4	6	5.5
体育教师	5	6	9	5	6.25
学　　生	6	7	6	4	5.75
场地、设施、器材	3	5	4	6	4.5

为更加准确地确定各种风险因素的评估值，笔者聘请有关专家对四个主要风险源的权重进行评价。由表 5-2 可以得出，在校园体育人身伤害事故的主要风险源中，体育教师权重得分最高，说明体育教师方面引发的风险较大，其次是学生，然后是学校管理，最后是体育场地、设施、器材。

第三节　我国校园体育人身伤害事故的风险防范机制

要有效防控校园体育人身伤害风险，就要在风险识别和风险评估的基础上建立健全风险防范机制。对校园体育运动潜在的风险做出预见和判断，采取必要措施进行防范和化解，规避伤害事故的发生，是应对校园体育人身伤害事故的重要举措。本书借鉴已有的研究成果，并结合校园体育实际情况，提出了构建多维一体的校园体育人身伤害风险防范机制，如图 5-2 所示。

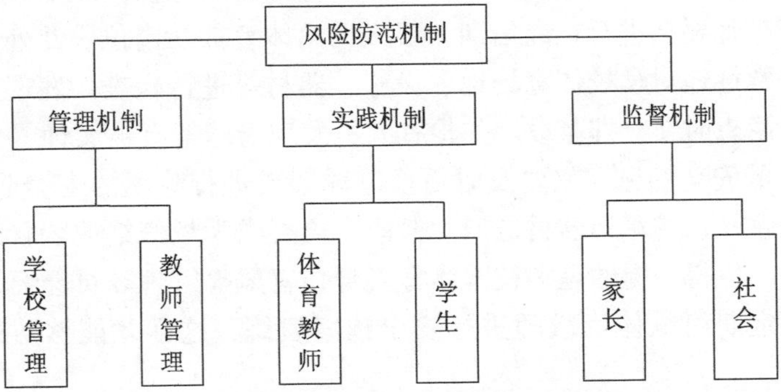

图 5-2　校园体育人身伤害风险防范机制

一、校园体育人身伤害风险防范的管理机制

校园体育人身伤害的风险防范机制首先是管理机制，学校作为管理单位，是校园体育人身伤害风险防控的第一责任人，必须承担学生人身安全的管理职责。学校首先应成立体育人身伤害风险管理委员会，由校长任组长，全面负责校园体育人身伤害的风险防控工作。然后在风险管理委员会的领导下建构校园体育人身伤害管理机制，管理机制主要由有关的法律法规、教育主管部门出台的有关文件要求，以及学校制定的体育人身伤害风险方面的规章制度构成。要将这些法律法规和制度规定加以完善，并落实到学校的每一位教师和学生，尤其是体育教师要做到熟记在心，并且能够严格地执行。

在管理机制上，学校要根据每学期的体育教学活动安排，有针对性地进行体育人身伤害的风险识别与评估，组织学校领导和体育教师对可能出现的各类风险加以分析研究，以便找到切实可行的解决方法，并形成防控风险预案。与此同时，学校在管理上要加强对体育教师及其他教师的安全教育培训，能够在校园中形成一种全员重视体育人身伤害的管理氛围，特别是要依据校园体育人身伤害风险防范管理制度，加强体育教师的安全意识，明确体育教师的安全职责，并在学期末的教师绩效管理上有所体现。

另外，教育主管部门、学校等要定期或不定期地对体育教师进行体育人身安全知识、技术、技能等方面的考核，对不合格的体育教师要么进行在岗培训，要么调离体育教学岗位。此外，还要经常性地对学校体育场地、设施、器材等进行检查，发现存在安全隐患时要立即整改。如检查人员发现篮球架有被腐蚀（如生锈）的安全隐患，就要及时更换篮球架或进行除锈的安全防护；发现跳马、跳箱等器材老旧、松散，应要求学校修缮或购置新器材等。值得一提的是，校园体育人身伤害风险管理委员会要定期和不定期组织体育教师进行安全预案演练，这样才能够防患于未然。

二、校园体育人身伤害风险防范的实践机制

(一) 体育教师风险防范实践机制

在校园体育人身伤害风险的防范上，必须注重实践机制的建构。所谓的实践机制，就是以体育教师和学生的体育活动为主要内容，对可能发生的各类人身伤害风险进行防范。

首先，体育教师要树立风险防范的意识。作为一名体育教师，必须具备对各种体育项目、体育活动的风险识别能力，以及对可能存在的风险做出正确预判的能力。在体育教学实践过程中，往往不可能去聘请专家来对每一堂体育课进行风险评估，这就需要体育教师既要有一定的风险识别能力，又要有敏锐的洞察力。为此，可以选择假设分析法对体育教学实践活动中的风险进行识别。假设分析法又叫情境分析法，是通过对体育现场的某个状态或者某种情况的详细描述并分析所描述情境中的风险与风险要素，从而识别风险的一种方法。[①]在体育教学实践活动中，要构建教师的防范机制，就要求体育教师要有识别各类风险的能力。如在体育教学活动中，发现某位学生脸色不正常、跑步气喘吁吁等情况时，就要假设该学生会出现不可预判的人身伤害风险，要第一时间与该学生进行交谈，了解学生的身体健康情况，并及时通知学生家长和医院对其进行相应的体检和治疗，以防范学生人身伤害事故发生。

其次，要培养体育教师的风险防范能力。前面已经提到了，如果体育教师没有树立风险意识，那么他在体育教学活动中往往不会主动地发现风险，更不可能科学合理地识别和评估风险，甚至当体育人身伤害风险来临时不知道如何应对，不知道如何采取有效的补救措施将风险造成的损害降到最低。因此，这就需要体育教师从主观意识上不断提高对校园体育人身伤害风险的防范意识，在上级主管部门、学校等组织的各种风险管理的教育培训中认真学习，增加对校园体育人身伤害风险的识别和评估能力，提

① 周春芳．学校体育意外伤害事故处理中存在问题之研究［J］．教师，2016（16）：113-115.

高自己对风险防范重要性的认识。此外，体育教师还要经常学习有关应对校园体育人身伤害风险的对策经验，要经常与兄弟学校体育教师交流识别和评估风险的方式方法和经验，尤其是在体育教学活动结束后的教学评价上，要有涉及安全事项的评价。比如，在教授跳远的体育教学上，教师不仅要对自己的知识理论、动作、技术及学生的表现等进行总结评价，更要对此次体育活动中可能出现的风险进行预判，对及时处理后使风险得以化解的事项进行评估，为后续课程中能更加有效地进行风险防范提供依据。风险评估小组依据跳远涉及的人身伤害风险的可能性大小设计出评估表，这样就可以更加清晰地了解和掌握跳远教学活动中的人身伤害风险的可能性，具体见表 5-3。

表 5-3　跳远教学活动中的人身伤害风险评估表

跳远		人身伤害轻重			
		可忽略	轻微	严重	特别严重
人身伤害风险的可能性	频繁				
	经常				
	偶尔				
	极少				
	不太可能				

表 5-3 按照人身伤害风险出现的可能性分为频繁、经常、偶尔、极少、不太可能五项，根据造成的人身伤害轻重分为特别严重、严重、轻微和可忽略四项。具体评估方法举例说明如下：体育教师在跳远教学活动中发现有七名学生出现膝盖着地，其中两名学生膝盖出血、两名学生膝盖红肿。这时就可以通过表 5-3 进行评估，也就是选择“经常”“轻微”和“严重”，从而提示体育教师要在动作技术上着重强调跳远的身体中心要在脚上、要用脚着地等。同时，还要亲自检查和尝试沙坑是否松软，从而能够在下一堂跳远课上消除学生动作要领掌握不准确，以及沙坑不松

软的风险源。

最后，体育教师作为校园体育人身伤害风险防范的主要执行者和参与者，必须有着高度的风险防范的自觉性。在事故发生之前，体育教师要能够加以防范，使风险得以化解，或是将风险造成的人身伤害程度降到最低。这就要求体育教师要与学生积极互动交流，与学生一起进行各种体育活动。比如，教师在教授足球项目技术、战术上，不能只是简单讲解，而要与学生一起进行足球运动。尤其是足球的对抗性较强，造成人身伤害的概率较大，这就更需要教师一起参与。当教师尝试带球、抢断时，发现球场的草坪不够松软，队员摔倒后容易受到伤害，这时就要时刻提醒学生注意不要摔倒，还要及时教授给学生在摔倒时进行正确自我防护的方法。在体育课后，对草坪情况形成文字报告，递交到学校校园体育人身伤害风险管理委员会，以便要求学校尽快解决草坪问题。

（二）学生风险防范实践机制

在构建校园体育人身伤害事故风险防范机制上少不了学生这一主体，学生既是风险的受害者，也是风险防范的主体。有效的校园体育人身伤害事故风险防范机制，其目的是确保每一位学生不会受到伤害。因此，学校在构建风险防范机制上，要始终围绕学生这一主体展开。学生要在学校和体育教师的组织指导下认真学习有关体育活动的安全知识，掌握应对体育人身伤害的有效方法，特别是要严格遵守学校的体育活动风险管理制度。在体育实践活动中，学生要认真执行体育教师的要求和安排，不做与体育运动无关的事项，尤其是不做带有人身伤害风险的各类活动。此外，学生还要主动向教师反映自己的身体情况，如果患有疾病，要第一时间告知体育教师，这样才能够让体育教师安排患病学生进行适当的体育运动，避免发生意外。

学生还要具备一定的识别和评估体育人身伤害风险的能力，在体育实践活动中，学生只有能够及时地发现存在的安全隐患，才能够向体育教师汇报。如在体操活动时，有学生发现其他学生腰间挂着一串钥匙，其中还有小水果刀等，于是学生及时向体育教师汇报。这时，体育教师就可以在体操运动开始前要求学生将身上带有的钥匙、手表、钢笔等物品拿下来，以确保不会在体操活动中发生意外人身伤害事故。不仅如此，学生还要对体育教师教授的各类体育项目的动作要领、技战术等加以掌握，只有这样在体育活动中才能够避免因动作、技术不到位而引发的人身伤害风险。这就需要学生一方面要认真听课，学习和掌握体育知识理论，另一方面要积极进行实践学习，主动向老师咨询各种动作、技术要领，对自己不明白的地方要第一时间请教并掌握。

此外，学生还要做好体育人身伤害事故风险的防范，要从风险防控预案演练入手，在学校体育人身伤害事故风险管理委员会和体育教师的组织指导下，积极参与体育人身伤害风险防范预案演练。如演练现场救护、包扎、人工呼吸等，做到在人身伤害事故发生后不慌乱，能够冷静地实施救护，从而使体育人身伤害程度得以降低。在演练中，学生要发挥自身的主体作用，积极向管理委员会和体育教师反馈演练中发现的各种问题与漏洞，与体育教师一起加以改进和完善。

三、校园体育人身伤害风险防范的监督机制

校园体育人身伤害风险防范的监督机制以校园以外的社会监督为主，也就是说，社会有责任对学校、体育教师等进行校园体育人身伤害事故风险管理的主体实行监督。学生家长既是学生的第一监护人，更是学生健康成长的保护人，因此，在构建校园体育人身伤害事故风险防范机制上，家长的监督必不可少。学校要定期或不定期邀请学生家长到校园检查体育场地、设施和器材是否处于安全范围之内，检查学校校园体育人身伤害事故风险管理委员会的各项工作，以及开展防范风险的实际情况。同时，家长可以对体育教师的教学活动进行监督，可以通过听课、观摩等形式亲自去观察体育教师组织和指导学生开展的体育活动，对存在的问题与不足提出中肯的意见和建议。在此基础上，学生家长可以与体育教师建立密切的联系，及时向体育教师反馈学生近期的

身体状况，是否有疾病和是特殊体质等。

在校园体育人身伤害事故风险防范的监督机制上，还离不开社会组织、团体等的共同参与，只有发动多方力量对校园体育活动进行全面的监督，才能够防患于未然。如体育用品生产企业、销售企业等要经常组织技术人员到学校，一方面要检查各类体育设施、器材是否处于良好状态，另一方面要与体育教师、学生进行体育设施、器材的正确使用及安全注意事项的沟通与交流，这样才能使校园体育人身伤害事故风险的防范监督机制更加完备。

第四节　我国校园体育人身伤害事故的风险管理最优理念和方法

一、校园体育人身伤害事故的风险管理最优理念

2015 年教育部颁布的《学校体育运动风险防控暂行办法》第 4 条规定：学校体育运动风险防控遵循预防为主、分级负责、学校落实、社会参与的原则。由此可见，校园体育人身伤害事故风险管理的最优理念就是要有效预防风险的发生，也就是要规避风险。只有通过相应的风险预防管理，使易发生的、易造成学生人身伤害的风险规避掉，才能确保学生在校园体育活动中不受到人身伤害，顺利完成体育项目的学习与训练。而要有效规避风险，首要的是做好风险的识别和评估，在正确预判风险的基础上找到可行的风险规避方法。校园体育人身伤害的风险规避方法主要有风险回避、风险降低、风险转移及风险自留，具体见图 5-3。

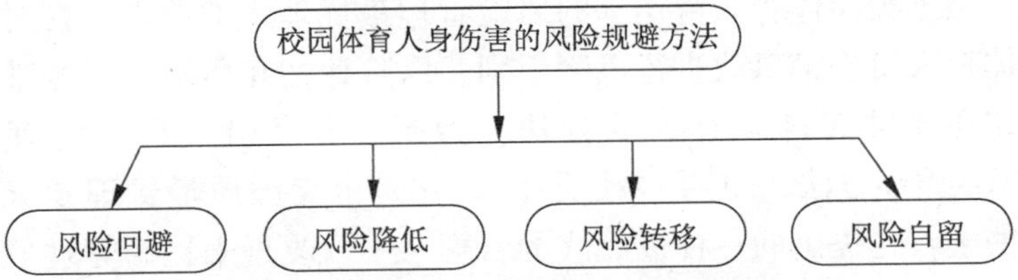

图 5-3　校园体育人身伤害的风险规避方法

学校在建立完备的体育人身伤害风险防范机制后，就要树立以应对风险为根本的最优理念。无论是风险识别还是风险评估，其目的都是有效实施风险应对，只有对风险进行有效的应对，才能够消除风险隐患，确保校园体育的更好开展。在树立风险应对的最优理念上，需要从风险回避、风险降低、风险转移和风险自留等几方面入手。在校园体育人身伤害事故风险防范的最优理念中，风险回避是首选之一。比如，在进行足球运动时，针对一些特殊体质的学生要采取风险回避，这是保护学生，是避免引发人身伤害风险的最优方法。在无法回避风险时，要采取有效降低风险的应对策略，这也是校园体育人身伤害防范最优理念的集中表现。如在进行立定跳远的体育活动中，学生不慎摔倒，膝盖受伤，这时体育教师要第一时间对学生进行救护并送医治疗，同时还要向学生强调立定跳远的动作技术要领，提醒学生注意掌握重心，不要摔倒等。这样既降低了摔倒学生的人身伤害风险程度，又避免了其他学生再出现类似的人身伤害，从而使风险降低。风险转移是有效保证校园体育人身伤害风险防范的需要，在最优理念上，学校要积极与学生家长取得联系，为学生投保各类人身伤害保险、意外险及医疗保险等，一旦出现体育人身伤害事故，就可以将风险转移。风险自留是指针对那些对学生人身伤害轻微的风险所采取的措施，如学生在跑步时跌倒、腿部擦伤，学校可以让医务室为其处理好伤口，而无需对学生跑步摔倒的风险加以防范，将风险保留。

二、校园体育人身伤害事故的风险管理方法

根据校园体育人身伤害的风险管理最优理念的要求，在对校园体育人身伤害事故进行风险识别、风险评估和风险应对的基础上，还要讲究科学有效的方法。为此，本书引入风险管理的PDCA循环方法，也叫“戴明环”，它是由美国质量管理专家戴明博士首先提出的一种螺旋式的管理——以改进来提高管理效率

的过程。[①] PDCA 循环方法中的“P”（Plan）——计划，即按照法律法规及组织工作目标，确定管理中的目标和过程，包括组织模式、工作内容、工作规范及组织资源配置等。在校园体育人身伤害风险管理中，首先是风险管理部门要按照国家立法机构、教育部门，以及学校制定的各项法律法规、制度、要求等进行科学的风险管理目标的确定，在风险管理目标确定后，还要相应地制定岗位工作流程、风险管理内容及工作规范等，特别是要通过合理配置学校风险管理资源达到有效规避风险的目的。“D”（Do）——实施，即按照计划实施管理，达到管理目标。在校园体育人身伤害的风险管理上，要确保风险管理计划能够按部就班地得到执行，从而实现风险管理目标，这就是实施风险管理的过程。“C”（Check）——检查，即按照策划内容，对实施中的工作结果进行检查，核对工作是否达到目标。风险管理人员依据制定的管理规定、要求和所要实现的目标对风险控制的各个环节进行严格的检查，对发现的问题进行认真分析，查找出问题的原因，在此基础上对风险管理各个岗位是否达到目标、是否保质保量完成既定的风险管理计划进行全面的评估，对存在的问题与不足进行总结。“A”（Action）——改进，即检查中发现工作偏差后及时改进工作方法，保障管理体系与实际相符，并能够达到管理目标。风险管理部门依据校园体育人身伤害风险管理评估结果对存在的问题与不足进行分析，找到解决问题的有效途径，并在后续的风险管理中进行相应的改进与提高，不断完善保障管理体系。这样循环往复地进行 PDCA 风险管理，从而使问题得到及时解决，使风险管理水平不断提高，确保风险规避的最优理念得到贯彻。

在校园体育人身伤害风险管理体系中，完全可以使用风险管理的 PDCA 循环方法，对风险管理进行循环式的策划、实施、检查与改进，以确保校园体育人身伤害风险管理效能最大化。校园

① 沈建明．项目风险管理［M］．北京：机械工业出版社，2004.

体育人身伤害事故风险防范是一个持久的、循序渐进的管理过程，学校应该根据体育人身伤害风险的识别、评估及应对来不断地进行“管理—改进—提高—再管理”的循环，这样才能够使校园体育人身伤害事故风险尽可能地得到预防与控制，尽量避免校园体育人身伤害事故的发生，以及由此带来的对学校体育教育正常开展的影响。

第五节　我国校园体育人身伤害事故风险管理的工作流程

作为一种应对风险的科学方法与手段，风险管理本身必须有一个逻辑性较强的循序渐进的程序。①在校园体育人身伤害事故的风险管理上，同样要遵循这一要求。校园体育人身伤害风险管理的工作流程包括风险识别、风险估计、风险评价、风险决策、风险监控和风险处置等诸多环节。当然，在校园体育教学活动实践中，风险管理的某些环节和步骤是可以合并起来执行的。在应对和处置风险的过程中，虽然各风险主体和单位都有自己的特点，但各单位应对和处置风险的基本过程都是一致的。本研究结合应对和处置风险的通行做法及风险管理的主线思路，将校园体育人身伤害事故的风险管理流程直观地归结为风险识别、风险评估、风险决策和风险监控四个主要阶段。学校领导、体育教师及学生要在高度重视校园体育人身伤害风险管理的基础上，组织成立风险管理小组，对风险控制的各个环节进行无缝管理，最大限度地消除校园体育活动的风险隐患，最终建立一个封闭的校园体育人身伤害事故风险管理体系。

一、校园体育人身伤害事故的风险识别

管理校园体育人身伤害风险首先要进行风险识别，风险识别是整个风险管理的基础与起点。通过风险调查与分析，对校园体育所面临的各种人身伤害事故进行归类、评估，并确定风险发生

---

① 徐兵．新课改下体育教学中安全事故的应对策略［J］．科学咨询（教育科研）．2015（2）：11-12.

的可能性和危害性；通过识别风险，能够确定校园体育人身伤害事故风险有哪些，并确定各种风险的性质及危害程度、可能发生的损失或损害等，为风险管理的其他环节提供管理依据并打好基础。风险识别首先需要做的是查找风险源。学校体育人身伤害风险管理领导小组要深入一线对涉及的学校管理制度、体育教师、学生，以及体育场地、设施、器材等进行全面的风险排查，寻找风险源。与此同时，还要对产生风险源的各种主客观因素加以分析，找到校园体育人身伤害风险因素向风险事故转化的条件。查找出风险源之后，找出风险因素向风险事故转化的条件是非常重要的，只有弄清楚转化条件，并在转化的链条中加以干预，才能有效控制风险的转化，降低校园体育人身伤害事故发生的概率和损失。

二、校园体育人身伤害事故的风险评估

在构建校园体育人身伤害事故的风险管理体系上，还需要做好风险评估工作。风险评估是在识别出可能存在的风险后，为规避风险或尽可能减少风险造成的损失而对校园体育人身伤害事故风险进行的全面评价与估计。衡量风险可能造成的损失及其对总体期望目标的影响，为下一步的风险决策和风险管理提供信息和依据。校园体育人身伤害事故风险的评估是通过设计权重，并对各种风险进行评估打分，确定所面临的风险的轻重等级、发生概率，以及造成损失与伤害的大小等。在校园体育人身伤害风险评估中，对相关风险要素要进行客观、全面的评估，要实事求是地对学校管理、体育教师、学生，以及场地、设施、器材等能够引发风险的情况进行科学合理的评估，确定风险防控的等级，特别是对那些易引发风险和易造成巨大人身伤害的风险加以重视，这样才能够为后续的风险决策、风险规避提供科学的依据。

三、校园体育人身伤害事故的风险决策

在应对校园体育人身伤害事故风险上，在风险识别、风险评估后，就要进行风险决策，简单地说就是要制定应对风险的对策。在校园体育人身伤害事故的风险管理中，风险管理领导小组

要根据风险管理的目标和宗旨，在对风险进行科学分析和评估的基础上选择合适的风险管理工具，制定出校园体育风险管理总体方案和具体措施。值得一提的是，在风险决策中，必须依据风险管理目标制定方案。因为风险决策是为实现风险规避这一目标服务的，风险决策不能脱离这个目标，这就需要在制定方案上不能超出风险管理目标。比如，学校为规避风险提供给体育教师 2 万元培训资金，那么在制定风险决策时，用于体育教师风险管理培训的资金就不能超出 2 万元，即必须遵循以最少的费用支出获得最大的风险管理效果或安全保障效益。另外，在风险决策上，还要综合运用各种规避风险、转移风险的手段，因为各种风险之间存在着某些内在联系，而且风险的发生也有着不确定性，这就需要校园体育人身伤害风险管理领导小组综合考量各种风险，运用多种手段和方法进行决策。

四、校园体育人身伤害事故的风险监控

在校园体育人身伤害事故风险管理实施过程中，虽然进行了相应的风险识别、风险评估及风险决策，但是风险的发生有着不确定性和偶然性，即便是风险识别、风险评估和风险决策已经做到了全面而细致，也会有问题和漏洞存在，因为风险是不可能完全消除的，这是客观事实。①在校园体育人身伤害事故的风险管理上，人们不可能把所有的风险都认识清楚，往往会遇到难以预料的情况，如学生在木马训练中突然跌倒摔伤、在进行撑竿跳高项目练习时竹竿折断被刺伤等。这些突发的体育人身伤害事故，都具有偶然性，因此需要风险管理者实时地对风险加以监控，在监测中对各种风险的变化情况进行再次识别、评估和决策，并根据实际情况及时调整风险管理的策略和方法，从而使校园体育人身伤害事故风险管理按照 PDCA 进行良性循环。

校园体育人身伤害事故的风险监控是风险管理过程中不可或缺的一项重要工作，监控风险实际是监视校园体育人身伤害事故

---

① 丁海榕．中学体育伤害事故保障体系考察及其构建路径［J］．沈阳体育学院学报，2015（1）：107-111.

风险管理项目的进展和项目环境，也就是风险管理实时变化的情况。风险监控可以对校园体育人身伤害事故风险管理的启动、实施和验收的全过程进行全方位的监督和控制。在校园体育人身伤害事故的风险管理上，风险监控要做到以下几点：（1）及时发现和度量新的风险因素；（2）监控潜在风险的发展；（3）监测项目风险发生的征兆；（4）评估风险控制措施产生的效果；（5）跟踪、评估风险的变化程度；（6）提供启动风险应急计划的时机和依据。①

五、校园体育人身伤害事故风险管理的实施

在校园体育人身伤害事故风险管理上，再好的风险识别、风险评估、风险决策和风险监控，只有通过付诸实施才能产生应有的效果。从校园体育人身伤害事故风险管理的整个过程来看，必然是 PDCA 的循环体系。在校园体育人身伤害事故风险管理中，先是设定管理目标，然后根据目标制定管理计划并实施，在此基础上进行全方位的检查，针对检查出的问题与不足进行整改，最终形成一个校园体育人身伤害事故风险管理的计划、实施、检查和改进的封闭式循环体系。

校园体育人身伤害事故风险管理工作计划是学校组织进行风险管理的重要工具，是风险管理过程的基本环节。因此，制定周全的管理计划，以及将其高效率地贯彻实施，是校园体育人身伤害事故风险管理工作取得成效的重要步骤。校园体育人身伤害事故风险管理计划的主要内容包括设置风险管理组织，进行风险识别、风险评估，制定风险处置方案等。制定风险管理计划后，就要在体育教学实践领域贯彻落实，并在体育教学实践中检验计划的可行性。校园体育人身伤害事故风险管理工作计划的落实需要有风险管理组织作保证，在计划实施过程中，学校领导、体育教师等风险管理人员要全程做好指导、检查、监督、信息反馈、评估和决策等工作。实施校园体育人身伤害事故风险的动态管理，

① 中国法制出版社．学生伤害事故处理办法［M］．北京：中国法制出版社，2005.

要时刻查找风险源，不留漏洞地查摆问题，及时纠正风险管理中各环节上的偏差，对新出现的各种风险源要深挖其风险因素，评估可能造成的风险伤害，适时地对风险管理目标、计划、实施方案等进行调整，不断完善校园体育人身伤害事故风险管理体系，使校园体育运动风险管理以最小的成本获得最大的风险管理效用，真正实现风险管理的宗旨和目标。

校园体育人身伤害事故风险防范体系的构建不仅仅需要学校、体育教师和学生的积极参与，更需要教育主管部门及公安、卫生、消防等政府职能部门的共同行动，同时也离不开社会力量的参与。只有构建多维一体的校园体育人身伤害事故风险防范体系，才能够将风险始终控制在可控的范围之内，才能够在风险发生之前及时加以应对，即便风险发生，也能够将风险造成的人身伤害损失降到最低。在校园体育人身伤害风险防范体系构建上，要公平公正地对已发生的人身伤害事故进行责任认定：如果是学校管理责任，则由学校领导承担；如果是体育教师教育方法问题，则由体育教师承担主要责任；如果是学生自身的原因，其主要责任就是学生。只有对体育人身伤害事故的责任进行正确认定，才能够进行更全面、规范的管理。

校园体育人身伤害事故风险防范体系，还包括对体育教学内容的改革。针对各种易发生的风险和危害性极大的风险，要从体育教学改革入手，有效规避风险，降低风险的伤害。如体育教师在教授足球项目时，发现由于学生对足球技战术和自我防护要领掌握得不够全面和专业，出现碰撞、摔倒的概率较大，容易引发人身伤害风险。这时体育教师就可以根据教学大纲要求，在“安全第一”的前提下对足球教学进行改革，以“七人制”“五人制”足球为主，这样每队的队员只有5~7名学生，人数上的减少可以帮助教师更好地管控，从而使风险得到有效的降低。因此，体育教学改革也要纳入校园体育人身伤害事故风险防控体系之中。

总体分析，校园体育人身伤害事故风险防控体系需要以相关的法律法规为指导，也需要学校有健全的管理制度和规定做补充，如《学校工作条例》《学校体育工作条例》《学生伤害事故处理办法》《校园体育人身伤害风险管理制度》等。在此基础上，学校要成立以校领导为第一责任人的校园体育人身伤害风险管理委员会，成员包括学校相关部门主要负责人、体育教师、班主任和学生代表，委员会负责校园体育人身伤害风险管理的具体工作。体育教师和学生是风险管理的主体，是风险管理的执行者，也是校园体育风险受影响最大者，因此，在校园体育人身伤害风险管理体系中，要始终围绕体育教师和学生这个管理核心展开工作。校园体育人身伤害风险管理委员会在制定风险防范预案后，由体育教师和学生参与预案的演练。教育主管部门、学校及社会力量开展的校园体育人身伤害事故有关救护知识的讲座培训，也要有体育教师和学生参与并对其进行考核，还要在体育教学的实践活动中去落实与完善。

在校园体育人身伤害的风险管理机制体系中，还要有社会力量的参与，从社会团体到企业，从社会组织到机构，都应该成为校园体育人身伤害风险防范体系中的一员。例如，健身俱乐部可以与学校进行合作，指导学生如何通过健身提高身体素质，如何在健身过程中学会自我保护；篮球俱乐部可以就篮球运动损伤风险防范提供指导；相关的体育设施器材生产厂家、经营企业要经常到学校对体育器材、设施的情况进行维护等。这些主体都应该加入校园体育人身伤害事故风险防范体系之中，从而使校园体育人身伤害事故风险防范体系更加完善。

本章小结

本章的研究借助现代风险管理的理论和工具，以我国校园体育人身伤害风险为切入点，分析探讨了校园体育活动安全的风险识别、风险防范、风险管理等系列问题。通过分析，构建了校园体育人身伤害事故的风险识别与评估指标体系，结合我国教育管理体制和体育教育的实际，探讨建立了校园体育人身伤害的风险防范和管控机制，提出了风险防范与管理的最优理念和方法。

经过研究，我们认为，体育运动风险一直是校园风险中主要的风险源之一，对学校体育进行有效的风险管理，是关乎学校体育正常开展和学生健康发展的大事。学校体育运动风险的客观存在与我国学校体育发展的客观需要之间的矛盾已成为阻碍学校体育事业健康发展的重要因素。学校体育运动过程中主要考虑的风险有经济风险、教学运作风险、场馆器材风险、责任风险、人身安全风险、财产安全和环境风险等。学校的安全管理是校园体育人身伤害事故总的风险源，除了管理风险源，校园体育运动风险源还细分为体育教师的风险源和学生的风险源，以及体育活动环境的风险源。在校园体育人身伤害的主要风险因素中，体育教师方面引发的风险较大，其次是学生，然后是学校管理，最后是体育场地、设施、器材等，可见，体育教师在校园体育运动风险防范和管理中的作用举足轻重。校园体育人身伤害的风险防范机制主要包含管理机制、实践机制和监督机制三个方面。学校作为管理单位必须承担起学生人身安全的管理职责，必须注重校园体育人身伤害风险实践机制的建构，要以体育教师和学生的体育活动为主要内容，始终围绕学生这一主体，对可能发生的各类人身伤害风险进行防范。社会有责任对学校、体育教师等进行校园体育人身伤害事故风险管理监督，其中以学生家长为主，同时也离不开社会组织、团体、个人等的共同参与。

校园体育人身伤害事故风险管理的最优理念就是要有效预防风险的发生，学校体育运动风险防控要遵循预防为主、分级负责、学校落实、社会参与的原则。校园体育人身伤害的风险规避方法主要有风险回避、风险降低、风险转移和风险自留。有效的校园体育人身伤害事故风险防范是一个持久的、循序渐进的管理过程，在校园体育人身伤害风险管理体系中，可以使用风险管理的 PDCA 循环方法。学校应该根据体育人身伤害风险的识别、评估及应对来不断地进行“管理—改进—提高—再管理”的循环，这样才能够尽可能地预防与控制校园体育人身伤害事故风险。

校园体育人身伤害事故的风险管理流程可以直观地归结为风险识别、风险评估、风险决策和风险监控四个主要阶段。风险识别是管理的基础与起点，风险管理决策主体根据风险管理的目标和宗旨，在科学分析和评估风险的基础上选择合理的风险管理工具，制定具体方案和行动措施进行风险防范与管控，并根据实时监测到的各种风险的变化情况及时调整风险管理策略和方法，从而使校园体育人身伤害事故风险管理按照 PDCA 模式进行良性循环。校园体育人身伤害事故风险防控需要有相关的法律法规作为指导，并建立健全学校安全管理制度和规定。校园体育人身伤害事故风险防范体系的构建不仅仅需要学校、体育教师和学生的积极参与，更需要教育主管部门、公安、卫生、消防部门等政府职能部门的共同行动，同时也离不开社会力量的参与，这样才能构建多维一体的校园体育人身伤害事故风险防范体系。

第六章　我国校园体育人身伤害事故处置的法律依据与归责分析

第一节　我国校园体育人身伤害事故处置适用的法律依据

目前，我国教育法治建设相对滞后，特别是在校园体育人身伤害及侵权问题上缺乏相关法律法规，校园体育人身伤害事故在司法实践领域的矛盾也日益突出。频频发生的校园体育人身伤害事故影响了体育工作，增加了广大体育教师工作上的担忧，直接影响到体育课堂的教学效果，这与国家增强青少年体质健康、推进素质教育的方针背道而驰。学校、体育教师怕承担学生体育伤害事故的责任，一些体育教师在工作中消极应对，体育课在许多学校被空心化和虚无化。由此可见，尽快建立和完善我国校园体育人身伤害事故的法律应对机制，预防和减少校园体育人身伤害事故风险，明确划分学校在事故中的责任，缓解长期萦绕在学校和体育教师心头的忧虑和畏惧，是当前需要解决的重要问题。

一、我国在处置校园体育人身伤害事故时所引用的法律、法规及相关制度

作为不以意志为转移的客观决定，完备的法律体系能够有效解决复杂的社会问题。体育运动的竞技性、对抗性等特点，导致其存在一定潜在风险，因此校园体育人身伤害事故是无法避免的。一旦发生伤害事故，如何进行积极应对和妥善处理，与学校、体育教师及学生的合法权益直接相关。校园体育人身伤害事故的有效处置要求我们在总结现行法律制度的基础上不断进行改

革和完善，持续建立健全法制机制，以法律形式有效保护事故各方的合法权益。

我国的法律渊源有三个：一是全国人大及其常委会制定的各项法律；二是国务院颁布的各种法规；三是最高人民法院对相关法律运用的司法解释。我国的法律法规及司法解释都是各级法院判案的直接依据，而地方人大制定通过的地方性法规、国务院各部委颁布的部门规章只能作为法院判案的参考，并不能作为直接的判案依据，更不能写入法律文书。从文献资料和搜集的法院判例来看，长期以来，我国在处理校园体育人身伤害事故时主要依据《民法通则》《义务教育法》《民事诉讼法》《未成年人保护法》《教师法》《教育法》《体育法》和《侵权责任法》等，以及《最高人民法院关于审理人身损害赔偿案件适用法律若干问题的解释》等其他相关法律的司法解释。此外，原国家教委、教育部颁发的《学校体育工作条例》《学生伤害事故处理办法》《学校体育运动风险防控暂行办法》在一些案例中也被作为法院判案时的参考。在这些法律法规中，法院判案引用最多的是《民法通则》和《侵权责任法》两部法律的相关条款。另外，2002 年教育部颁发的《学生伤害事故处理办法》也被引用到许多案例中作为法院宣判的重要参考。从本研究掌握的资料及搜集整理的校园体育人身伤害事故法院判例来看，现阶段我国各级法院在处理校园体育人身伤害事故时引用的主要法律法规条款如下：

《民法通则》主要引用条款：

第 106 条第 2 款：公民、法人由于过错侵害国家的、集体的财产，侵害他人财产、人身的，应当承担民事责任。

第 130 条：二人以上共同侵权造成他人损害的，应当承担连带责任。

第 131 条：受害人对于损害的发生也有过错的，可以减轻侵害人的民事责任。

第 132 条：当事人对造成损害都没有过错的，可以根据实际情况，由当事人分担民事责任。

第 133 条：无民事行为能力人、限制民事行为能力人造成他人损害的，由监护人承担民事责任。监护人尽了监护责任的，可以适当减轻他的民事责任。

《侵权责任法》主要引用条款：

第 6 条第 1 款：行为人因过错侵害他人民事权益，应当承担侵权责任。

第 24 条：受害人和行为人对损害的发生都没有过错的，可以根据实际情况，由双方分担损失。

第 34 条第 1 款：用人单位的工作人员因执行工作任务造成他人损害的，由用人单位承担侵权责任。

第 38 条：无民事行为能力人在幼儿园、学校或其他教育机构学习、生活期间受到人身损害的，幼儿园、学校或其他教育机构应当承担责任，但能够证明尽到教育、管理职责的，不承担责任。

第 39 条：限制民事行为能力人在学校或者其他教育机构学习、生活期间受到人身损害，学校或者其他教育机构未尽到教育、管理职责的，应当承担责任。

第 40 条：无民事行为能力人或者限制民事行为能力人在幼儿园、学校或者其他教育机构学习、生活期间，受到幼儿园、学校或者其他教育机构以外的人员人身损害的，由侵权人承担侵权责任；幼儿园、学校或者其他教育机构未尽到管理职责的，承担相应的补充责任。

除上述两部重要的法律条款外，我国各级法院在审理校园体育人身伤害案例中还引用了以下法律条文和相关规定：

《最高人民法院关于审理人身损害赔偿案件适用法律若干问题的解释》第 7 条：对未成年人依法负有教育、管理、保护义务的学校、幼儿园或者其他教育机构，未尽职责范围内的相关义务致使未成年人遭受人身损害，或者未成年人致他人人身损害的，应当承担与其过错相应的赔偿责任。

《学校伤害事故处理办法》第 9 条至第 14 条的相关条款。

林清华、郭秀晶对2000年1月至2010年11月北京市各级法院关于中小学体育伤害事故的121份法律文书中法院直接援引的法律依据进行统计，发现82.6%的案例援引《民法通则》作为依据，23.1%的案例援引《人身损害赔偿解释》作为依据，10.7%的案例援引《中华人民共和国民事诉讼法》作为依据，2.5%的案例援引《最高人民法院关于贯彻执行〈中华人民共和国民法通则〉若干问题的意见（试行）》作为依据，0.8%的案例援引《最高人民法院关于确定民事侵权精神损害赔偿责任若干问题的解释》作为依据。①可见，在我国《侵权责任法》施行以前，法院很少援引与教育直接相关的特别法，而是大多引用《民法通则》等一般法的相关条款。

二、我国处置校园体育人身伤害事故的法律条款存在的问题与不足

校园体育人身伤害事故的频频发生，使得广大体育教师对学生体育活动心生畏惧，顾虑重重，在一定程度上出现了弱化学校体育的倾向。这与我国政府致力于提升广大学生体质健康水平，实施“健康中国”战略背道而驰，是我们不能回避且必须加以重视和解决的问题。校园体育人身伤害事故只有在法治的轨道上才能得以妥善处置，必须从法学、管理学和社会学等角度全面考量校园体育人身伤害事故中各方的抗辩事由，以消解学校和教师在工作中的担忧，为最终妥善处置校园体育人身伤害事故提供充分的法理依据。

由于目前我国还没有直接规范校园体育人身伤害的法律法规，在《侵权责任法》实施以前，法院在审理校园体育人身伤害事故纠纷时主要依据《民法通则》及教育部出台的《学生伤害事故处理办法》。但《民法通则》的有些规定过于宽泛，相关问题的司法解释在实践中还存在一些问题，而《学生伤害事故处理办法》是政府管理部门的规章制度，在执行力和适用性方面无法达

---

① 林清华，郭秀晶．学校体育伤害事故的法律分析：司法实践的视角［J］．现代教育管理，2014（5）：56-61.

到法律法规的要求和效果，其中的一些规定也与法律基本原则相冲突，这就使得《学生伤害事故处理办法》在校园体育人身伤害处置过程中缺乏可执行性。当发生校园体育人身伤害事故时，一旦当事人诉诸法律途径，部门规章只能作为参考，并不能被作为最终法律依据。2010 年 7 月 1 日起施行的《侵权责任法》对公民民事权益进行了全方位、多层次的保护，堪称保护公民人身权益的集大成者，同时也为校园体育人身伤害事故纠纷的责任划分、处理提供了明确的法律依据，对以往的一些理论和实践进行了修正。①

尽管《侵权责任法》的出台给校园体育人身伤害事故纠纷的处理与解决提供了坚实的法律依据，但近年来，关于幼儿园、学校或者其他教育机构对在校未成年学生应负有的职责性质及承担的责任形式仍各方争论不一。《侵权责任法》颁布实施后，这些争论也没有停止，反而由于《侵权责任法》的相关规定不甚明确而更加突出。从司法案件的判例来看，《侵权责任法》中涉及校园人身伤害相关规定的主要争论集中在以下几个方面：

（一）学校对在校学生应承担责任的性质存有争议

一般认为，学校对未成年学生承担的是一种一定监护性质的责任。那么，学校对未成年人在校生活、学习期间所受到的人身伤害，承担的责任就应当是全部责任，这种观点是不正确的。幼儿园、学校不是未成年人的在校监护人，他们与未成年学生形成以教育和管理职责为核心的教育法律关系。根据《民法通则》，监护权的取得和监护人的范围都是由法律所规定的，不得随意设立或变更；而《教育法》《未成年人保护法》均规定学校对学生所承担的是教育、管理和保护责任，而不是法律层面的监护责任。我国《侵权责任法》把幼儿园、学校的教育管理职责直接纳入侵权法范畴，明确规定未尽到教育管理职责致使未成年人遭受损害的应承担责任，这样的规定无疑加重了幼儿园、学校的责任

---

① 谭实.《侵权责任法》视角下的高校体育伤害事故法律责任的认定研究［J］.体育科技，2014，35（3）：14-15，22.

承担比重，或者说增加了学校承担校园学生人身伤害事故的责任风险。

《侵权责任法》实施后，教育部于2010年随即发出通知，要求《学生伤害事故处理办法》按照《侵权责任法》的规定执行。法律学者表示，这种变化加大了对学生的保护力度，同时也增加了学校承担责任的概率。《侵权责任法》是一部基本法，《学生伤害事故处理办法》作为它的下位法，必须服从《侵权责任法》。《侵权责任法》在学校等教育机构承担责任的归责原则方面，明显加强了对无民事行为能力学生的保护力度，同时使得学校的举证难度和承担责任的概率也加大。

（二）未成年人致伤其他未成年人时学校应承担的责任形式不明确

对无民事行为能力人、限制民事行为能力人在学校受到人身损害的责任承担，《侵权责任法》第38条至第40条依据归责原则和致害原因的不同将学校责任承担区分为三种情况进行了规定。但在这三个条文中，并没有明确学校承担的责任形式问题，致使在实践中往往会出现意见分歧。需要指出的是，《侵权责任法》第38条、第39条规定学校等教育机构对承担人身损害责任时，除归责原则分别适用过错推定、过错原则以外，对其承担责任形式并没有不同。可见，在司法适用中两个方面的主要问题还存在争议：一是学校承担责任的法律依据；二是学校应如何承担责任，即以何种形式承担责任。

（三）学校在校园伤害事故中承担补充赔偿责任的主体范围界定不明晰

通过对我国《侵权责任法》中学校承担补充赔偿责任的情况进行分析，可以正确区分学校应承担责任的形式。根据该法第40条的规定，如果学校等教育机构没有尽到职责范围内的安全保护义务，使得第三人针对在校学生的加害行为发生并产生一定的损害后果，学校将需要承担补充赔偿责任。在司法实践中，人们在对“幼儿园、学校或者其他教育机构以外的人员”的理解上容易产生混淆。对这个问题的准确理解，要结合《侵权责任法》第38条至第40条的规定正确认识。第40条的适用范围应该是指除学校所有教职工、学生以外的外来人员，例如来学校接送孩子的家长、经许可或者未经许可进入学校的其他人员等。①

总而言之，就现有资料和笔者掌握的信息来看，目前还没有一个国家对校园体育人身伤害事故的处理进行单独立法，通常都是在《民法》《家庭法》《教育法》《侵权法》《儿童法》等法律领域进行规定。就我国的现行立法来看，涉及这方面的立法也有一部分，如《义务教育法》《未成年人保护法》《教师法》《体育法》《民法通则》《侵权责任法》等。②但从司法实践领域所存在的判罚争议等问题来看，还需要不断地进行修改和完善。由于学生在学校接受教育的特殊性，学校和各类学生的关系也有特殊的一面，因此，学生在学校的人身伤害处置也必然不同于社会日常生活中发生的人身伤害事故。而校园体育人身伤害又是学校发生比例最高、最常见的事故，加上我国有近3亿名（截至2018年，我国共有约2.67亿在校生，不含幼儿园）在校学生群体，因此，出台包含校园体育意外伤害在内的学校人身伤害事故处理的专门性法律法规是非常必要的。这样的立法必然会有力地保障校园体育人身伤害事故中各方的权益，也必将是妥善处置校园体育人身伤害事故最为有效的途径和方式。

第二节　我国校园体育人身伤害事故的归责原则及责任认定

一、我国各类在校学生与学校的法律关系界定

在分析校园体育人身伤害事故责任归属问题之前，必须明确

---

① 龚超，魏少永．如何理解《侵权责任法》第四十条［EB/OL］．（2011-03-07）．http://www.hncourt.gov.cn/public/detail.php? id=111371.

② 彭亚资．学校体育伤害事故归责与赔偿问题研究［D］．长沙：湖南大学，2010.

界定学校与学生的法律关系。从近些年校园体育人身伤害事故司法判例来看，在校园人身侵权问题上，人们对学校与学生法律关系的认识并不完全明确，由此导致在处理校园体育人身伤害事故过程中相关各方相应的法律职责和责任范围也不明确。司法部门在处理校园体育人身伤害事故时，对学生与学校法律关系的定性直接决定了在发生学生伤害事故后学校是否应承担法律责任。因此，若要妥善处置校园体育人身伤害事故，使学生和学校的责任和权利范围明晰，切实保障各主体方的合法权益，就必须首先明确界定学校与学生的法律关系。

关于学校与学生的法律关系，严格意义上讲是指各类学生在学校学习期间与学校的法律关系。为了研究方便，本研究中简称为“学校与学生的法律关系”。在学术界，关于学校与学生之间属于何种法律关系，主要存在如下几种不同的观点：

一种观点认为，学校与学生之间在法律上属于监护关系。持这种观点的人认为，只要家长把学生送到学校学习，无论学生是否成年，学校都要以一种临时监护人的身份承担实际的监护责任，负责学生在校期间的人身安全。该观点明显与我国《民法通则》相悖，根据《民法通则》第 16 条，学校不属于学生的监护人范围，一般情况下，学校不具备对在校学生进行监护的法定资格。

另一种观点是根据最高人民法院关于监护委托的规定，认为学校与学生之间属于委托监护关系。该观点认为，家长一旦将学生送到学校，即使没有签订委托合同，也自然建立了委托监护关系，学生家长和学校之间也形成了事实委托合同。但在现实生活中，委托是一种法定行为，仅仅认为学校接受了学生的入学就自动建立了监护委托关系，而没有书面委托合同将委托双方的权益固定下来，显然在司法层面是说不通的。另外，考虑到学校与学生之间存在管理与被管理、教育与被教育的关系，而这种关系又是源自我国有关教育的法律法规的授权，因此，简单将两者之间的关系认定为委托合同关系是不妥当的。学术界一些学者提出的

“特殊契约关系说”“合同关系说”等都忽略了一个基本事实，那就是在高校的学生其年龄普遍已经超过十八周岁，在法律上属于完全民事行为能力人，如果不是因为精神因素或身体因素限制，根本不需要也不应该为其设定监护人。刘妍君认为，高校与高校学生之间的法律关系是法定与约定相结合的教育管理关系，即高校履行对学生的教育与管理职责的特殊合同关系，即教育合同关系。它既不是监护人与被监护人的关系，也不是委托教育管理关系，也不同于一般民事合同关系。在高校与高校学生的法律关系是教育合同关系的前提下，学生伤亡事故中学校的责任认定，必须坚持过错责任或过错推定责任原则。①

对于校园人身伤害事故，法律关系明确方能有效保护各方权益。随着法治建设和理论研究的不断推进，学者们认为学校对学生主要担负教育和管理的职责，学校和学生是一种特殊的监护职责，但有别于法律意义上的监护关系，这种基于公法关系的观点逐渐被教育界、法学界所认同。学界的观点无论如何在理，都不能作为法律案件的审判依据，学校与学生的法律关系还要遵循我国现行的法律法规进行界定。从我国现行的法律来看，《民法通则》并没有明确规定学校和学生是何种法律关系；《教育法》《义务教育法》和《未成年人保护法》均规定学校对未成年学生所负的是教育、管理和保护责任，而不是法律意义上的监护关系；最高人民法院对相关法律的司法解释进一步明确：“学校对未成年人依法负有教育、管理、保护义务”；我国《侵权责任法》规定：“学校对学生承担教育、管理职责”；《学生伤害事故处理办法》则明确指出：“学校对未成年学生不承担监护职责”。由此可见，学校既不是学生的监护人，也不是学生的委托监护人，学校和学生是教育与被教育的关系，学校与学生之间的法律关系应该是教育、管理和保护的关系。这样的界定也是我们今后审理校园人身伤害案件时需要首先明确的问题。以往由于我们对学校和学生法

① 刘妍君. 论高校学生人身伤害事故的学校责任及有效防范［J］. 社科纵横（新理论版）. 2007（2）：168-170.

律关系认识不清，导致不同的法院或法官在审理校园人身伤害事故时引用法律条款存有差异，相同的案例出现不同的判决结果时有发生。林清华、郭秀晶的一项研究涉及的 121 例校园体育人身伤害案例中，有 106 例案件法院认为学校和学生是教育、管理的关系，占案件总数的 87.6%；有 15 例案件法院以学校与学生为监护关系进行判决，占总数的 12.4%。①

二、我国校园体育人身伤害事故责任认定的基本原则

根据我国相关法律法规，我国学校与学生的法律关系应该是教育、管理和保护的关系。近些年来，我国各地的司法部门在处理校园体育人身伤害事故时，在法律适用、责任归结等问题上也往往存在着分歧。从近些年许多司法判例来看，无论学校和体育教师是否存在责任或过错，法院的终审判决均存在学校承担一定比例的责任，这也直接导致了学校需要承担额外的负担。因此，对我国校园体育人身伤害事故法院判例归责原则与责任分担依据进行深入、全面的分析是非常必要的。由此可见，如何界定校园体育人身伤害事故的责任问题，妥善处理学生伤害事故，保障学校、学生及体育教师的合法权益，确保学校体育活动的正常开展，是我国教育法治化进程中不可避免的问题。

校园体育人身伤害事故大多包含着对当事人合法权益的侵犯，使受害人遭受损失，构成侵权行为。我国宪法明确规定：任何侵犯社会公共财产、侵犯他人财产和人身权利的行为，都是社会主义法律所不允许的，在刑法上可能构成犯罪，在民法上则构成侵权行为。从我国目前的司法实践来看，不同法院的判决与校园体育人身伤害的归责原则和补偿原则并不相同，存在的争议也比较多。如校园体育人身伤害事故发生后如何确定归责原则、在各方均无过错时责任的分担问题等，都需要结合学校教育及体育运动的特点从法律的角度进行系统的分析研究。在我国民法诉讼案例中，法院采用的民事责任归责原则主要有过错责任原则、公

① 林清华，郭秀晶．学校体育伤害事故的法律分析：司法实践的视角［J］．现代教育管理，2014（5）：56-61.

平责任原则和无过错责任原则。

（一）过错责任原则

过错责任原则是民事责任的一项基本原则，是以事件中主体是否有过错行为作为责任判定的依据，即有过错行为就要承担责任，无过错行为就不承担责任，过错大小与责任承担比例相匹配。[①] 我国《民法通则》第106条第2款规定：“公民、法人由于过错侵害国家的、集体的财产，侵害他人财产、人身的，应当承担民事责任。”《侵权责任法》第6条第1款规定：“行为人因过错侵害他人民事权益，应当承担侵权责任。”根据上述法律规定，过错责任原则在我国校园体育人身伤害事故的民事法律责任认定中没有分歧，但在现实生活的体育人身伤害案例中如何准确判断当事人有无过错是事故妥善处置的关键环节。在校园体育人身伤害事故中，学校、第三人如果因为都有过错导致发生损害，那么学校和第三人构成共同过错；事故中的受害人如果也有过错，则涉事的所有主体构成混合过错。可见，在校园体育人身伤害事故诉讼中，主体是否存在过错行为，无疑是确定是否承担责任的主要依据。为进一步保护未成年人的身心健康，我国《侵权责任法》将受伤害人的年龄纳入认定侵权责任的构成要素，规定对无民事行为能力的学生，幼儿园、学校要承担过错推定责任；对限制民事行为能力的学生，学校如果没有尽到教育、管理职责，则要承担过错责任。由此可见，在校园体育侵权行为中，必须明确“学校是否已尽责”“教师在职务行为中是否有错”“学生自身是否存在过错”等，这对于预防校园体育人身伤害事故纠纷的发生和学校依法免责均大有裨益。[②]

（二）公平责任原则

公平责任原则是指在事故中当事各方都没有过错的情况下，侵权行为人或者受益人也要承担相应赔偿责任。我国《民法通

---

① 王利明．民法·侵权行为法［M］．北京：中国人民大学出版社，1993.

② 郭秀晶．从203例司法判例看学校体育伤害事故诉讼中的归责问题［J］．中小学管理，2011（6）：27-29.

则》第 132 条规定:“当事人对造成损害都没有过错的,可以根据实际情况,由当事人分担民事责任。”《侵权责任法》第 24 条规定:“受害人和行为人对损害的发生都没有过错的,可以根据实际情况,由双方分担损失。”根据上述法律规定,在一些校园体育人身伤害事故中,如果很难认定各主体是否有过错,我国法院大都采用公平责任原则,判决各主体均承担一定的民事责任,其他当事方对受害者给予适当的补偿。公平责任原则是以平衡的方法由各方共同承担损失,在校园体育人身伤害事故处置中被广泛应用,即以经济补偿体现公平。但对于公平责任原则学界有这样的认识:公平责任原则不是我国《侵权责任法》的一般性归责原则,《民法通则》只是将公平责任列入具体的民事责任之中,表明在公平责任原则使用上存有质疑。公平责任原则在一定程度上是对过错责任原则的一种弱化,导致在一些校园体育人身伤害事故的司法实践中,学校在无过错、无责任的情况下,仍要对受伤害的学生做出经济补偿。校园体育人身伤害事故中公平责任原则的强化使用,必然会对学校体育活动的开展产生消极影响。

此外,在校园体育人身伤害事故中,鉴于人们对学校与学生特殊法律关系认识上存在差距,加上司法实践中法官手中掌握的自由裁量权,造成对类似的体育伤害案件法院最终的判决不尽相同。在校园体育人身伤害事故中,公平责任原则的采用在很大程度上也是基于法官的自由裁量。因此,在校园体育人身伤害事故中,法官偏向于适用公平责任原则。①但公平责任原则的采用也应当符合相应的条件,所以在司法诉讼中必须准确把握该原则的适用范围。

(三)无过错责任原则

无过错责任原则是指基于法律的特别规定,针对已经发生的损害结果,无论当事各方是否有过错行为,都要承担一定的侵权赔偿责任。我国《民法通则》第 132 条、《侵权责任法》第 24 条

---

① 李婷.学校体育伤害事故的法学分析[J].南昌教育学院学报,2014,29(1):86-88,91.

都规定了当事人无过错时民事责任和损失的分担情况。在我国，关于无过错责任原则在校园体育人身伤害事故中是否适用一直存有异议。在司法实践中无过错责任原则一般情况下也不采用，而是引入“人道主义”。在《侵权责任法》实施之前，面对校园体育人身伤害事故，法院的首要选择是《民法通则》第132条。但在司法实践领域，该条款的规定边界较为模糊，只适合解决一般性争端，法官在最终判决时也往往从“双方地位不平等”“人道主义”的角度进行综合考量。然而，学理上对该类案件适用条款的批评一直存在。

在一些体育伤害诉讼案件中，法官在审判过程中有时会考虑到学校与学生行政隶属上的不平等，往往把学生置于弱势地位看待，从而在责任分担上给予倾斜。[①]体育活动的高风险性使得学校在体育活动中承受着更大的压力，如果无论学校和教师有无过错都按照公平责任原则和无过错责任原则处理，那么校园体育人身伤害事故所占的比例越高，学校要承受的经济赔偿压力就越大。通常情况下，如果学校无过错，学校就不能通过投保的校方责任险将赔偿责任进行转移，但法院往往又按照公平责任原则、无过错责任原则判决学校承担一定的责任，即要对受伤害学生进行相应的经济补偿。由此可见，在校园体育人身伤害事故的责任认定中，尽管责任的认定和划分都是围绕主体是否有过错展开，但法院在审理案件时，根据伤害事故发生时的不同情形所选用的归责原则是不同的，事故的当事各方承担的侵权赔偿责任也不尽相同。为客观公正地维护各方权益，归责原则的确定仍要以适用过错责任原则为主，以适用公平责任原则为补充，坚决避免公平责任原则随意过度使用。

林清华、郭秀晶研究了北京2000年1月至2010年11月间203例校园体育人身伤害事故的判例，发现法院判例是以过错责任原则为主，以公平责任原则为补充，各当事方共同承担责任的

① 李婷．学校体育伤害事故的法学分析［J］．南昌教育学院学报，2014，29（1）：86-88，91.

比例最高，未成年人是体育伤害事故的受害主体，学校是最主要的责任承担主体。此外，他们对其中121个案例中归责原则的适用进行了统计，发现采用过错责任原则的有102个，占84.3%；采用公平责任原则的有9个，占7.4%；有2个案件采用了混合原则，即过错责任原则和公平责任原则混合使用；认定学校对学生承担监护职责，故采用无过错责任原则的有8个，占6.6%。①

三、我国处置校园体育人身伤害事故的主要法律条款实践运用分析

(一) 对《侵权责任法》第38、39条的运用分析

法院在案件审判中援引的法律条款主要包括程序性条款和实体性条款。程序性条款用于解决案件审判司法程序问题，实体性条款用于解决审判中当事人的权利与义务问题。校园体育人身伤害事故处置的法律实体性条款主要涉及《民法通则》《侵权责任法》，以及关于人身损害和精神损害赔偿的两个司法解释的相关条款。在校园体育人身伤害事故中，年龄较小的学生识别运动风险的能力有限，自我保护意识也不强。我国《侵权责任法》以民事行为能力为区分，用两个不同的条文做出规定，即第38、39条的规定。在校园体育人身伤害事故中，《侵权责任法》第38条采用的是过错推定原则，在司法裁判中只要原告能够举证证明损害事实、违法行为和因果关系这三个构成要件的，法院就可以从损害事实本身推定学校存在过错；如果学校不能证明自己没有过错，法院就可判学校承担侵权赔偿责任。《侵权责任法》第39条则采用过错责任原则，在诉讼案件中原告必须举证证明损害事实、违法行为、因果关系和主观过错这四个构成要件，法院才能判学校承担侵权赔偿责任。②

在校园体育人身伤害事故的司法实践中，依据《侵权责任

---

① 林清华，郭秀晶．学校体育伤害事故的法律分析：司法实践的视角［J］．现代教育管理，2014（5）：56-61.

② 唐勇．我国学校体育伤害案件的司法实践与法理评析：基于91份民事裁判文书的统计分析［J］．武汉体育学院学报，2016，50（4）：61-67.

法》第6条与第38、39条，法院就可以判定学校有无过错、是否需要承担侵权赔偿责任。在案件法律适用方面，如果学校存在过错，法院主要依据《侵权责任法》第38、39条裁定学校承担一定责任，这符合立法目的；但如果学校没有过错，在当下既定的司法裁判倾向下，责任分担的思路往往是法官的第一选择，导致学校责任畸重，这在法理上并不合适。北京市28例体育伤害案终审判决显示，超过九成的案件判定学校要承担赔偿费用。这既是由于学校体育活动安全保障存在问题，也是因为当学生发生体育人身伤害事故时，学校很难证明自身无过错。① 我国的《侵权责任法》在调整对象上较《民法通则》更为具体，属于"特别法优于一般法"，在位阶上高于两个司法解释，属于"上位法优于下位法"。针对校园体育人身伤害案件的司法裁判，各级法院应当首先依据《侵权责任法》第38、39条确定学校责任，在《侵权责任法》没有规定或规定不详时，大多采用《民法通则》和两个司法解释。此外，我国2002年实施的《学生伤害事故处理办法》第12条规定，在校学生参与体育运动发生意外伤害事故，学校履行了应尽的职责，没有过错的不承担法律责任。但该规定属于部门规章，并不能作为司法裁判的依据，学校是否承担责任仍要按照《侵权责任法》来裁定。②

（二）对《侵权责任法》第24条和《民法通则》第132条的运用分析

我国《侵权责任法》第24条是对《民法通则》第132条的延续。这两条法规是公平责任原则适用的依据，同时也给予了法院在案件审理中相对较大的自由裁量权。根据《侵权责任法》第24条和《民法通则》第132条的规定，在校园体育人身伤害事故

---

① 北京市第一中级人民法院未成年人案件综合审判庭．关于未成年人校园体育活动人身损害责任承担问题的调研报告［R/OL］．（2013-02-27）［2014-07-20］．http://chinachild.org/?s=关于未成年人校园体育活动人身损害责任承担问题的调研报告.

② 黄筱蓉．高校学生伤害事故法律构建问题研究［J］．中国成人教育，2007（17）：76-77.

诉讼案件中，有些法官简单地将“分担”二字视为“公平”的同义词，司法裁判中往往忽略当事人是否具有过错行为，而是过多地从方便、公平的因素采用这两个条款，致使过错责任原则和无过错责任原则不能发挥应有的规范功能，这与法律所追求的“公平公正”的法治精神相背离。因此，《侵权责任法》第24条或《民法通则》第132条不应被简单解释为与过错责任、无过错责任相等同的“公平责任”。针对这个问题，杨立新教授明确指出：“法律规定分担损失的适用范围，要限定在当事各方均无过错，且不属于过错责任原则、过错推定责任原则和无过错责任原则调整的那些侵权行为造成的损害情形，超出这些范围的，则不能按照《侵权责任法》第24条的规定认定责任。”①

在《侵权责任法》颁布前，由于《民法通则》第132条的规定边界较为模糊，我国各级法院在审理这类侵权案件时不管是按照公平责任原则，还是运用共同危险行为理论，都会出现法律条款上的适用困境。2009年颁布的《侵权责任法》第24条针对《民法通则》第132条所存在的司法困境进行了一定的修正，《侵权责任法》第24条确立的损失分担机制有效解决了《民法通则》第132条适用范围过窄的问题。司法实践中出现的公平责任原则的过度使用，其原因不排除是各级各地法院的法官自身追求公平的主观认知。故而，学界普遍认为《侵权责任法》第24条并不完全是公平责任的规定，而是当事各方在都没有过错的情况下分担事故损失的机制。针对校园体育人身伤害事故，由于体育运动自身存在较高的风险，如果过多地采用分担损失的公平责任原则，我们认为，这种看似公平的做法，实则是对法律公平、公正原则及法治精神的肆意践踏，与体育运动“甘冒风险”原则背道而驰。只要参加集体对抗性运动，不仅要面临自身受伤的风险，还要承担他人意外受伤导致自身要承担责任的风险，这对于积极参与体育运动者来说是不公平的。因此，鉴于我国司法实践中法

① 杨立新．侵权责任法［M］．北京：法律出版社，2011：192.

官对公平责任原则的过度使用，必须采取有效措施，防止公平责任原则在处理校园体育人身伤害事故中的滥用。一些校园体育人身伤害事故案件的判决没有考虑体育侵权的特殊性，在案件审理的法律适用上很容易陷入公平分担损失的沼泽地。① 我国无论是《侵权责任法》第24条，还是《民法通则》第132条，其中“都没有过错的，根据实际情况分担责任”的规定，都和欧美国家所倡导的体育活动“甘冒风险”的原则相差甚远，在一定程度上是对人们参与体育活动“甘冒风险”原则的无视和弱化。这样的规定使问题处理简单化，让无过错方承担一定的责任和损失，不仅人为加大了人们正常参与体育运动所要承担损失的风险，而且与法治建设“公平、公正”的精神相背离。这应该是我国当前校园体育人身伤害事故处置中法律的严重不足之处，应予以纠正。建议在使用无过错责任原则时将表述改为“都没有过错的，由当事方基于人道主义采取自愿原则给予一定补偿”，似乎更为妥当。

（三）“甘冒风险”原则在我国司法领域中的运用分析

我国《民法通则》和《侵权责任法》并没有将“甘冒风险”作为体育运动伤害事故的抗辩理由。《学生伤害事故处理办法》第12条规定，在对抗性或者具有风险性的体育竞赛活动中发生意外伤害的，学校已经履行了相应职责，行为并无不当的，无法律责任。这是甘冒风险原则在我国部门规章文件中的第一次明确体现。自担风险是体育运动所具有的特殊性，在许多国家的法律中都将“甘冒风险”作为合理的法庭辩护理由。“甘冒风险”的作用主要在于减轻或免除参与体育运动者的责任，对于自愿参与体育运动造成的人身伤害，当事人均无主观过失的，就应该依据“甘冒风险”原则，免除当事人的责任。而让当事各方承担公平责任原则是不公平的，因为体育活动中激烈的身体对抗本就容易出现伤害事故。如果伤害事故中双方当事人均没有过错，适用公平责任原则往往会导致另外一种不公平。此外，根据我国《最高

① 赵毅．体育伤害案件适用法律的误区及补正：“林州少年篮球伤害案”判决评析［J］．体育与科学，2014，35（3）：39-43.

人民法院关于人身损害赔偿若干问题的解释》相关规定，我国判定是否构成侵权采取注意义务的标准，即以学校是否违反教育、管理、保护义务来判断学校在校园体育人身伤害事故中是否存在过错。在校园伤害案件的司法实践中，一些法官对学校的管理、保护义务的责任边界认识不足，导致在类似的案件中最终的判决存在较大的差异，说明对学校管理、保护义务的理解存在泛化和扩大化的问题。①

参加体育活动本身就是一种自愿承担风险的行为，自愿承担风险也可以称为受害人同意，也就是致害人可以免责，不是侵权行为。② 因此，建议在今后的相关立法中要将“甘冒风险”作为抗辩理由写进法律条款。“甘冒风险”在体育领域中有着广阔的适用空间及理论基础。“甘冒风险”与公平责任原则相比，风险自负显得更为公平。但风险自负也有其自身的局限性，损害后果由受害人承担往往使受害人的伤害“雪上加霜”，因此仍需联合其他风险分担机制共同发挥作用。如通过加强保险事业、社会保障事业等缓解受害人的伤害。

四、我国校园体育人身伤害事故中学校和学生的责任范围

对于幼儿园和小学低年级的学生（也就是10周岁以下的学生）来说，学校尽管不负有监护责任，但负有更多的教育、管理和保护责任。学生在学校的体育活动中发生伤害，学校应承担全部责任或者更多的责任，至少也要承担主要责任。而小学高年级学生和中学生一般为10周岁至18周岁的人群，这类学生属于限制民事行为能力人，可以从事与其年龄、智力相适应的民事活动，并承担相应的民事责任。大学生一般属于完全民事行为能力人，其具有承担完全民事责任的能力。教育部《学生伤害事故处理办法》较为详细地规定了各个年龄段的学生在校园里发生伤害

① 林清华，郭秀晶．学校体育伤害事故的法律分析：司法实践的视角［J］．现代教育管理，2014（5）：56-61.

② 刘兴，马小华．澳大利亚、中国体育运动伤害典型案例分析［J］．广州体育学院学报，2014，34（2）：15-17.

事故的具体处理程序和方式方法，从其中的相关规定可以看出，学校体育伤害事故的责任归责为过错责任原则，但最终的责任认定和侵权赔偿仍要依据《民法通则》《侵权责任法》等法律做出裁定。另外，《学生伤害事故处理办法》第26条“学校无责任的，如果有条件，可以根据实际情况，本着自愿和可能的原则，对受伤害学生给予适当的帮助”。这与《民法通则》第132条“当事人对造成损害都没有过错的，可以根据实际情况，由当事人分担民事责任”的基本原则是一致的。

在我国的现行法律中，没有明确规定学校对学生负有的法律责任，但学校对在校学生负有教育、管理和保护的责任。保障学生人身安全，预防学生意外伤亡是学校义不容辞的责任。要保障学生接受体育教育的权利，学校应当按照《教育法》《体育法》《义务教育法》的相关规定安排和组织体育教学活动。学生在学校参与体育活动过程中出现伤害事故后，学校应根据实际情况承担相应责任。根据姚学进、朱爱民的归纳，一般认为学校在下列情况下要承担相应的法律责任：①

(1) 学校使用的体育教学场地、器材和设施不符合国家安全标准。

(2) 学校对体育教学场地、器材、设施等管理维护不当或体育器材超过安全使用年限。

(3) 学校组织的体育教学等活动，没有按照规定进行安全教育或者没有采取安全防护措施。

(4) 学校组织安排的运动负荷量超出学生一般生理承受能力，或明知学生有不适宜参加体育活动的特殊体质而未予以特殊照顾。

(5) 出现体育伤害事故后，教师或学校未采取相应的救护措施或救护不当而使损害扩大。

(6) 教师侮辱、殴打、体罚或变相体罚学生。

---

① 姚学进，朱爱民. 高校学生体育伤害的法律责任探究 [J]. 吉林体育学院学报，2007 (3)：21-22，24.

（7）学校组织的体育教学活动时间内有关管理人员、教师擅自离岗或虽在岗位但未履行职责，使学生失控造成偶发性伤害事件。

（8）违反体育教学常规、教学大纲要求造成学生伤害事件。

（9）体育教学等活动中，教师教学方法不正确、教材选择不合理、组织教法不严密、保护不到位、疏于检查场地器材或场地器材使用不当。

学校体育是学校教育的重要组成部分，它既是国民体育的基础，又是体育工作的战略重点。学校体育在“立德树人”根本任务中承载着培养学生身心健康、强健学生体魄的功能。在校园体育人身伤害事故中，学生方面应承担责任的情况主要有以下几种：

（1）身体素质较差或身体存在生理、病理缺陷而隐瞒实情，未告知学校或教师而参加体育教学等活动。

（2）运用技术动作不正确或未按教学要求从事超出自己能力水平的练习。

（3）不遵守课堂纪律，不听从教师的指挥，擅自离开课堂发生意外事故。

（4）体育活动中学生缺乏安全意识，我行我素，同学间打闹嬉笑发生意外伤害。

（5）体育运动中不遵守项目规则，运动中动作粗暴，不符合体育道德。

此外，在体育活动中保护与自我保护不到位、不彻底等，都可造成伤害事故。许多体育项目直接将对方的身体作为攻击目标，如拳击、跆拳道、柔道、摔跤、击剑等。在一些对抗激烈的项目中，允许合理的身体对抗。例如：在篮球活动中，学生因对方犯规而受到意外伤害，学校和学生都没有过错，对此种类型的体育伤害事故法院一般选择公平责任原则进行处置。根据《民法通则》第 106 条第 3 款规定：“没有过错，但法律规定应当承担民事责任的，应当承担民事责任。”法院往往判定致人受伤的学生承担一定的补偿责任。

本章小结

本章的研究结合我国司法制度，以法律和事实为依据，从民事侵权的法律、法理层面深入分析我国校园体育人身伤害事故适用的法律条款依据、归责原则的适用，以及责任认定与经济赔偿等重要问题。在法理分析的基础上，探讨了我国校园体育人身伤害事故处置过程中存在的问题与不足，为我国妥善解决校园体育人身伤害事故提供法理依据和实践思路。

研究认为，目前我国还没有直接规范校园体育人身伤害的法律法规，校园体育人身伤害事故在司法实践领域的矛盾也日益突出。长期以来，我国处理校园体育人身伤害事故主要依据的法律有全国人大常委会审定并多次修订通过的《民法通则》《义务教育法》《民事诉讼法》《未成年人保护法》《教师法》《教育法》《体育法》和《侵权责任法》，以及《最高人民法院关于人身损害问题的相关司法解释》等。此外，原国家教委、教育部颁发的《学校体育工作条例》《学生伤害事故处理办法》和《学校体育运动风险防控暂行办法》三个部门规章在一些案例中也被作为法院判案时的参考进行引用。在这些法律法规中，法院判案引用最多的是《民法通则》和《侵权责任法》两部法律的相关条款。但《民法通则》的有些规定过于宽泛，相关司法解释在实践中还存在一些问题。《学生伤害事故处理办法》等政府管理部门的规章制度，在执行力和适用性方面无法达到法律法规的要求和效果。当发生校园体育人身伤害事故时，一旦当事人诉诸法律途径，部门规章只能作为参考，并不能作为最终的法律依据。

我国《侵权责任法》的出台为校园体育人身伤害事故纠纷的处理与解决提供了坚实的法律依据。但《侵权责任法》的相关规定不甚明确，主要体现在学校对在校学生应承担责任的性质存有争议、在校未成年人致损其他未成年学生时学校应承担的责任形式不明确，以及学校在校园体育人身伤害事故中应承担补充赔偿责任的主体范围界定不明晰等。

从近些年校园体育人身伤害事故司法判例来看，在校园人身侵权问题上，人们对学校与学生法律关系的认识并不是完全一致的，由此导致在处理校园体育人身伤害事故过程中相关各方相应的法律职责和责任范围也不明确。关于学校与学生的法律关系，我们认为，学校不是学生的监护人或委托监护人，学校与学生的法律关系应该是教育、管理和保护的关系。我国司法部门在处理校园体育人身伤害事故时，在法律适用、责任归结等方面往往存在着分歧。不同法院的判决与校园体育人身伤害的归责原则和补偿原则并不相同，在学理和实践中也存在争议。在我国的民法诉讼案例中，法院采用的民事责任归责原则主要有过错责任原则、公平责任原则和无过错责任原则。在校园体育人身伤害事故诉讼中，主体是否具有过错是确定责任归结的主要依据之一。公平责任原则在一定程度上是对过错责任原则的一种弱化，导致在一些校园体育人身伤害事故的司法实践中，学校在无过错、无责任的情况下，仍需要承担一定的补偿责任。校园体育人身伤害事故中公平责任原则的强化适用，对学校体育活动的开展产生了消极的影响。在我国，关于无过错责任原则在校园体育伤害事故中是否适用一直存有异议，存在着在校方无过错的情况下，法院往往会按照公平责任原则、无过错责任原则判决学校承担一定的责任，对受伤害学生进行相应的经济补偿。笔者认为，校园体育人身伤害事故归责仍应以过错责任原则为主，以公平责任原则为补充，要坚决避免公平责任原则随意过度使用。

无论是我国《侵权责任法》第 24 条，还是《民法通则》第 132 条，其中“都没有过错的，根据实际情况分担责任”的规定，都和欧美国家所倡导的体育活动“甘冒风险”的原则相差甚远，在一定程度上是对人们参与体育活动“甘冒风险”原则的无视和弱化。如果学校不存在过错，在当下的司法裁判倾向下，责任分担的思路往往是法官的第一选择，造成学校责任畸重，学校对体育伤害承担了过重的风险，这在法理上并不合适。这样的规定使问题处理简单化，让无过错方承担一定的责任和损失，不仅人为加大了人们正常参与体育运动所要承担损失的风险，而且与法治建设“公平、公正”的精神相背离。这应该是当前我国校园体育人身伤害事故处置上法律的严重不足之处，应予以纠正。建议在使用无过错责任原则时将表述改为“都没有过错的，由当事方基于人道主义采取自愿原则给予一定补偿”，似乎更为妥切。我国《民法通则》和《侵权责任法》并未规定“甘冒风险”作为体育运动伤害事故的抗辩理由。“甘冒风险”在体育领域中有着广阔的适用空间及理论基础，因此，建议在今后的相关立法中有必要将“甘冒风险”作为抗辩理由纳入法律条款。

第七章 我国校园体育人身伤害事故的处理机制

现阶段，我国校园体育人身伤害事故的诉讼、赔偿等处置问题成为体育法学领域的研究热点，不仅受到了教育界、法律界和保险业界的共同关注，而且也需要政府、学校、社会、家庭及学生的共同关注和面对。尽快建立和完善我国校园体育人身伤害事故的风险管控与应对机制，预防和减少校园体育人身伤害事故所带来的负面影响，是当前亟待解决的重要问题。我国校园体育人身伤害事故应对机制主要包括风险管理机制、法律机制、赔偿机制、保险机制和救济机制等。我国校园体育人身伤害的风险管理机制，以及事故处置的法律依据和归责原则分别在本书第五章和第六章进行了深入讨论，本章进一步分析探讨我国校园体育人身伤害事故有效处置的法律机制、赔偿机制、保险机制和救济机制。

第一节 我国校园体育人身伤害事故有效处置的法律机制

随着我国法治建设的不断推进，人们的依法维权意识进一步增强。面对频频发生的校园体育人身伤害事故，当受害一方不能通过协商解决责任承担和经济补偿时，则需通过诉诸法律的途径来解决纠纷，通过法律机制解决运动伤害纠纷是体育活动法治化进程的重要标志。法律机制是一种高效解决校园体育人身伤害事故纠纷的方法，原因在于依据国家法律所做出的司法裁决最具公平性和公正性，特别是各级法院做出的终审判决具有权威性和强制性，也是纠纷的最终裁决，当事人必须无条件地服从和执行。

但是由于我国教育法治建设相对滞后，在校园体育人身伤害事故及侵权问题上，相关法律法规缺失，校园体育伤害在司法实践领域中的矛盾也日益突出。通过本书前面的分析可知，目前我国的司法实践中对于校园体育人身伤害事故的归责原则和赔偿，各地法院的判决并不相同，在学理和实践上也存在争议。此外，针对校园侵权问题，学生和学校之间的法律关系未能完全理顺，相关各方的法律职责和责任范围也不明确。司法部门在处理校园体育人身伤害事故时，在法律适用、责任归结等问题上也存在着分歧。可见，我国校园体育人身伤害事故有效处置的法律机制还存在许多不足之处，亟需从法律建设和司法实践等方面着力进行完善。

一、我国处置校园体育人身伤害事故的法律依据

根据前面的研究，长期以来我国在处理学校体育伤害事故时主要依据《民法通则》《义务教育法》《民事诉讼法》《未成年人保护法》《教师法》《教育法》《体育法》和《侵权责任法》，以及《最高人民法院关于人身损害问题的相关司法解释》等。此外，原国家教委、教育部颁发的《学校体育工作条例》《学生伤害事故处理办法》《学校体育运动风险防控暂行办法》三个部门规章在一些案例中也被作为法院判案时的参考进行引用。在这些法律法规中，法院判案引用最多的是《民法通则》和《侵权责任法》两部法律的相关条款，另外，教育部颁发的《学生伤害事故处理办法》也被引用到许多案例中作为法院宣判的重要参考。需要注意的是，教育部的文件是教育行政部门处理学生伤害事故时的主要依据，《民法通则》和司法解释是司法机关处理伤害事故时的主要依据，他们之间在实践运用中并不矛盾，是可以相互参考的。有关校园体育人身伤害事故认定和处理的指导性文件，如《学生伤害事故处理办法》是依据我国《民法通则》的有关规定和基本原则制定的，是为了相关部门针对不同种类的伤害事故做出公正、合理的处理。①

二、我国校园体育人身伤害事故的归责

(一) 我国校园体育人身伤害事故的责任类型

解决责任划分问题，首要的是要明确区分校园体育人身伤害事故的责任类型。不同的结果是由不同的原因导致的，基于原因的差异，可对校园体育人身伤害事故做以下五种类型的划分：学校直接责任事故、学校间接责任事故、学生责任事故、第三人责任事故和学校无责任事故。

1. 学校直接责任事故

侵害结果与校方的过失行为之间存在必然联系。这种情况下，校方因其过失行为需要承担主要的法律责任。

2. 学校间接责任事故

侵害结果的发生或伤害程度的加深是由于校方的监管不力或过失行为所导致的。这种情况下，校方应当根据具体情节承担相应的法律责任。

3. 学生责任事故

事故结果的发生是由于学生自身的过错造成的。这种情况下，学生应当为自身的过错承当相应的法律责任。

4. 第三人责任事故

事故结果的发生是由第三人造成的。这里所说的第三人是指校方和受害者之外的人或组织。这种情况下，事故责任应当由第三人来承担。

5. 学校无责任事故

事故结果的发生校方不承担任何责任，校方与伤害事故结果之间不存在任何关系，校方没有行为过失或不当的情况，并且已经履行了相应的职责，不需要承担任何法律责任。这种情况下，校方与受害人均没有过错，应当适用公平责任原则。

根据我国校园体育人身伤害事故的责任类型来认定校园体育

---

① 张杰．私法的公平与公权的失衡：从学校体育伤害事故谈起［J］．体育教学，2008（2）：8-9.

人身伤害事故责任问题，应当主要适用过错责任原则，公平责任原则为其补充并应谨慎使用，要坚决避免公平责任原则、无过错责任原则的随意、过度使用。

（二）我国校园体育人身伤害事故归责的难点

由于有些伤害事故的原因很难确定，从而难以分清责任，更难以进行归责。引发此类伤害事故的原因是多样化的，因此处理过程也具有复杂性。当事各方都认为他方应该承担更多的责任，即使在法院宣判之后，各方一般都会再次提起上诉，然后法院重新审理和判决，往往浪费了大量的人力和时间，并且我国涉及校园体育人身伤害事故的法律和法规也缺乏相互之间的补充和调整。《学生伤害事故处理办法》第 24 条规定，在校学生发生伤害事故的损失赔偿范围和标准，按照有关行政法规、地方性法规或者最高人民法院司法解释的相关规定来确定。但在我国《民法通则》中没有与之相对应的赔偿范围与标准条款，既没有规定最低限额，也没有规定最高限额，学校不能做到有法可依而处于被动地位。就校园体育人身伤害事故的归责原则而言，尽管我国《民法通则》强调责任的认定必须以损害结果和损害事实之间的因果关系来确定，但从各地法院的判例中看，免责不免赔的现象普遍存在，判决的结果是学校大多需要赔偿。造成这种现象的原因，主要是司法实践中公平责任的不确定性致使法律安全价值降低。法律法规的确切性是安全价值得以充分体现的前提，因此法律法规的条文就要清晰明了，以便法官在司法审判中准确理解。然而在现实生活中，公平责任原则是依据公平观念作为价值判断标准的，而公平观念又较为抽象，这就导致在司法实践中赋予了法官较大的自由裁量权，从而导致法律安全价值的降低。[①] 日本的法律法规中规定了赔偿范围、申请时效和赔偿期限，并明确了免于

① 王俊波，陈运生. 论侵权行为法的公平责任原则［J］. 松辽学刊，2002（3）：65-67.

赔偿的条款，达到了真正意义上的法律规范和调整目的。[①]况且，在我国一旦引发此类伤害事故，一些学校领导会担心舆论报道对学校产生负面影响，往往采取息事宁人的做法，即便学校及教职工在工作中并没有过错，学校也会付出一定的赔偿金，这势必给校方带来较大的经济压力。频频发生的校园体育人身伤害事故在一定程度上会对各级学校体育工作产生弱化影响，给广大一线体育教师造成了心理忧虑和负担。一些体育教师在教学中消极应对，以牺牲正常的教学内容为代价来避免伤害事故的发生，不仅直接影响了体育教学质量，而且导致体育课在许多学校被空心化和虚无化，原本不受重视的学校体育更加趋于边缘化，削弱了政府致力于提高学生体质健康水平种种努力的效果。

第二节　我国校园体育人身伤害事故有效处置的赔偿机制

一、校园体育人身伤害事故原因和赔偿主体之间的关系

损害赔偿是行为人违反契约、侵权行为及法律之特别规定，由法院判决向受害人支付一定数额的经济赔偿。对各类人身损害，法律主要采取金钱赔偿的方式对受害人进行补偿。体育运动自身存在的风险性，决定了学生在参与学校体育活动中发生意外伤害事故是无法避免的，这就必然导致校园体育人身伤害事故的归责和赔偿问题。学校体育人身伤害事故造成的损失及赔偿问题，作为不以人的意志决定的客观发生，需要以法律形式切实保障各方的法律权益。[②]校园体育人身伤害事故大多属于民事侵权责任范围，厘清造成伤害事故的责任归属，依法、依规、依理对受害学生进行相应的赔偿，一方面可以减轻受害学生及其家庭的经

---

① 袁古洁．论学校在学生伤害事故中的法律责任［J］．体育学刊，2003（5）：4-7.

② 杨利珍，袁锐．浅析我国学校体育伤害事故赔偿的法律基础［J］．法制与社会，2012（8）：68-69.

济负担，另一方面也可以消除学校、体育教师及参与体育运动的学生的顾虑，保障校园体育教学和群体活动的积极开展，落实学校立德树人的根本任务。

需要强调的是，为保障学校和教师的权益，校园体育人身伤害事故的赔偿必须在法律法规和相关规章制度的框架下合理进行。不能形成一旦发生校园体育人身伤害事故，不管是谁的责任，受害学生就向学校、体育教师及共同参与运动的学生索赔的风气，这会对学校、体育活动组织者及无辜学生造成不公平的伤害，进而影响学校正常体育活动的开展。因此，弄清造成校园体育人身伤害事故的原因，对于责任认定具有十分重要的意义。当前，我国教师是在选聘制度下产生的，教师与校方的法律关系是平等的民事法律关系，校方与教师双方均在自愿平等的前提下签订劳动合同。现实生活中，学校和教师通过签订受法律保护的劳动合同形成一种契约关系，根据我国《民法》《合同法》中的相关规定，在校园体育人身伤害事故中教师的责任由学校一体承担。校园体育人身伤害事故的原因、归责原则和赔偿主体的关系如表 7-1 所示。

二、我国校园体育人身伤害事故赔偿的法律依据及不足之处

2010 年 7 月 1 日起施行的《侵权责任法》是我国人身损害赔偿的重要法律依据。《侵权责任法》规定，对侵权造成的人身损害要依法进行相应的经济赔偿，该法第 16 条、第 20 条、第 22 条规定了不同损害情况需要对受害者给予的各种赔偿费用。此外，我国《最高人民法院关于审理人身损害赔偿案件适用法律若干问题的解释》的第 17—33 条规定了医疗费、误工费、护理费、营养费、残疾赔偿金等费用的详细计算方法。[①]校园体育活动中，学生往往由于过失行为对他人造成人身伤害，如果伤害严重则有可能构成侵权，可以要求致害人承担侵权责任，并对所有损害承担民事赔偿责任。

---

① 段荣芳. 体育运动伤害侵权责任研究［D］. 济南：山东大学，2011：107-111.

表 7-1　校园体育人身伤害事故的原因、归责原则和赔偿主体的关系①

<table>
<tr><td colspan="3">原因</td><td>归责原则</td><td>赔偿主体</td></tr>
<tr><td>1. 教师备课等准备不足</td><td rowspan="2">教师原因</td><td rowspan="5">学校原因</td><td rowspan="11">过错责任原则</td><td rowspan="5">学校</td></tr>
<tr><td>2. 上课或体育活动过程中引起</td></tr>
<tr><td>1. 安全教育和培训不够</td><td rowspan="3">学校原因</td></tr>
<tr><td>2. 运动器材、场地不合要求</td></tr>
<tr><td>3. 学校管理不到位</td></tr>
<tr><td colspan="3">混合原因</td><td>学校和学生按责任大小共同承担</td></tr>
<tr><td>1. 学生主观上不遵守纪律</td><td colspan="2" rowspan="5">学生原因</td><td rowspan="5">学生</td></tr>
<tr><td>2. 学生动作不规范</td></tr>
<tr><td>3. 学生特异体质或疾病</td></tr>
<tr><td>4. 学生思想上不够重视</td></tr>
<tr><td>5. 其他同学因过失引起</td></tr>
<tr><td colspan="3" rowspan="2">意外伤害事故</td><td>公平责任原则</td><td>按实际情况分担</td></tr>
<tr><td>自愿承担风险</td><td>受害人自己承担</td></tr>
</table>

目前，我国校园体育人身伤害事故赔偿的相关法律建设相对滞后，涉及体育伤害事故赔偿的相关法律条款也一直缺失，人身伤害的赔偿法律体系在处罚程度及针对性等方面还有待完善。教育部2002年颁布的《学生伤害事故处理办法》也是仅对事故处理和责任划分等进行了规范指导，对伤害事故的赔偿方式、赔偿程度等实质性问题并没有明确意见。我国《民法通则》虽然对责任划分的三个原则进行了明确划分，在一定程度上保障了在校学

① 肖万福．学校体育伤害事故归责及赔偿的研究：基于50例学校体育伤害事故个案研究［D］．武汉：华中科技大学，2009：43-44．

生的合法权利，但在大多数案例中存在着学校无论有无过错均需依法承担相应民事责任的情况，这对校方来说是有失公平的。可见，我国现有法律在规范校园体育人身伤害事故赔偿问题上还存在不合理的内容。①

三、我国校园体育人身伤害事故赔偿的困境及缺陷

在侵权造成人身伤害赔偿问题上，尽管可以根据伤害事故原因对事故责任进行划分，但是在实践中面临着很多难题。首先，人身伤害事故的发生可能是由多方面的原因引发的，每个引发事故的原因都有其对应的责任，但准确、合理地判断这些原因在伤害事故中应该承担责任的比例，在实践中是很难的。即便是分清了伤害事故的原因，确定了伤害事故的责任并明确了赔偿费用之后，仍有一些赔偿主体因经济能力有限不能支付较高额度的赔偿金。另外，如果法院判定赔偿主体是有法人地位的学校，由于绝大多数中小学办学经费有限，在支付赔偿款上也存在较大的困难，这都是伤害事故不能妥善解决的原因。

1990 年《学校体育工作条例》实施之后，一系列不同层次的校园体育法规相继颁布，促进了我国学校体育法治化的进程。但目前我国针对校园体育人身伤害事故的赔偿机制尚不完善，相关的法律规范尚未获得良好的成效。第一，从立法角度而言，法律内容不够清晰和完善，缺乏可操作性；第二，从立法层级而言，校园体育立法规范地位不高。从现有的立法规范来说，我国已经颁布实施的相关立法只有一部，即《体育法》，立法单一且该法律仅仅从宏观的角度对体育教育活动做出了指导性的规范，对体育的各个主要领域进行了规定，在校园体育活动规范的微观方面存在不足，不能对校园体育人身伤害事故的妥善处置进行规范和指导。另外，我国《体育法》对学校体育工作的规范调整未能完全发挥法律效力，导致有关管理机构的轻视和不作为，使广大学生的体育权利和学校的正常体育活动难以得到保障。

---

① 杨利珍，袁锐. 浅析我国学校体育伤害事故赔偿的法律基础［J］. 法制与社会，2012（8）：68-69.

四、我国校园体育人身伤害事故赔偿机制的发展思路

完善校园人身伤害事故法律体系，建立健全校园人身伤害事故赔偿机制，是妥善处置我国校园体育人身伤害事故的重要手段。校园体育人身伤害事故的赔偿问题适用一般侵权行为造成损害的赔偿处置机制，在校园体育人身伤害事故处置过程中，要坚持学校和学生的平等法律地位，根据事故造成损害的具体情形，按照三个责任原则区分各方所应承担的民事责任和赔偿额度。同时也要处理好责任与赔偿的关系，依据伤害事故的损害后果对责任划分后的赔偿尺度进行规范，使校园体育人身伤害事故的赔偿合理。妥善处置伤害事故，就要摒弃以往不合理的观念和做法。在体育伤害事故中学校没有过错责任的，应该判定无需承担民事责任，仅按事故造成的损害严重程度适当进行人道主义经济补偿，切实减轻学校的压力和负担，使学校体育教育活动能够正常开展。此外，我国各个地方区域经济发展存在较大差异，国家应鼓励和引导各地区制定关于校园体育人身伤害事故赔偿的地方性法规，允许地方政府根据本地区经济发展程度规定相应的民事损害赔偿额度，以更好地解决各地区学校体育伤害事故。①

面对频频发生的校园体育人身伤害事故，有许多学校是无力承担赔偿费用的。为了解决这一问题，部分发达国家（如美国、加拿大、日本、德国等）及我国部分经济发达地区将学校赔偿社会化，把学生在校损害赔偿事故纳入保险范畴。可见，通过商业保险的渠道转移学生的意外伤害风险，转移学生伤害事故赔偿压力，是国内外应对学生伤害事故的重要途径。美国一些州的法令规定，学区教育委员会援助在学校事故中负有责任并负责赔偿的教师，教育委员会一般从公共经费中取得侵权责任保险，当学校工作人员因过失造成学生伤害事故时，用其作为诉讼费。日本实施国家行政赔偿责任制，政府建立了一个专项基金，专门用于支付符合基金条件的学生伤害事故赔偿。我国上海市以县、区为单

---

① 杨利珍，袁锐．浅析我国学校体育伤害事故赔偿的法律基础［J］．法制与社会，2012（8）：68-69.

位，由政府组织学校为校方在学生伤害事故中的责任投保，学校借助保险渠道，将赔偿责任纳入“社会救济”范畴，实现了学校事故的风险分担，转移了学校事故赔偿责任，使学校放下包袱，积极主动地组织学生开展各种体育活动。①

拓宽校园体育人身伤害事故赔偿的途径，探索成立校园学生伤害赔偿基金会，是学校解决赔偿经费的又一渠道。尽管学校是具有独立法人资格的行政主体，但我国大多数学校，特别是经济不发达地区的中小学办学经费有限，学校资金相对困难。因此，这些学校就要拓宽赔偿资金的筹措渠道。由政府部门牵头协调，在各级各类学校设立校园体育伤害赔偿金，资金可由国家、学校、家庭共同出资组成，这样在减轻学校经济负担的同时，还可以对那些在事故中造成严重伤害的学生给予经济援助。此外，根据不同地区学校的具体情况，有条件的学校可以设立校园体育人身伤害事故互助基金，或建立学校安全赔偿准备基金，主管教育的行政部门为该基金提供一定的经费，学生采取自愿的原则参加。参加者每年缴纳一定数额的经费，一旦参加者发生体育意外伤害，由互助基金会给予受伤害的学生一定的经济补偿。最后需要指出的是，在对校园体育人身伤害事故的赔偿范围和标准进行确定时，考虑到有些伤害事故会给受伤学生及其家庭带来严重的伤害后果，必须将精神损害赔偿考虑进去，并根据具体情况予以赔偿。

第三节　我国校园体育人身伤害事故有效处置的保险机制

一、我国校园学生体育保险的现状及存在的问题

保险是一种经济制度，同时也是一种法律关系，是一种具有互助共济的法律制度。保险是现代经济社会金融体系和社会保障

① 肖万福．学校体育伤害事故归责及赔偿的研究：基于50例学校体育伤害事故个案研究［D］．武汉：华中科技大学，2009：43-44.

体系的重要内容，保险的功能主要体现在经济补偿、资金融通和社会管理等方面。作为一种市场经济风险管理的基本手段，将保险引入学校风险管理是运用市场和经济手段管理教育领域风险的一种有效方式。[①]从1980年开始，中国人民保险公司开设了教育保险领域的学生平安险，目的在于给在校学习的广大青少年提供人身安全保障。随后，伴随着我国市场经济的改革与发展，保险公司又设立了校方责任险。目前，学生平安险和校方责任险是我国教育保险领域的两个主要险种，成为我国在校学生人身意外伤害事故的重要保障。通过保险渠道，学校用较少的经费投入获得了较多的保障，在一定程度上解决了学校和学生家长的后顾之忧。但是在我国教育保险发展过程中，由于种种原因，学生平安险一度被认为是“乱收费”项目，并被政府管理部门进行了清理和整顿，我国学校保险业务的发展受到了严重的影响。2002年教育部颁布的《学生伤害事故处理办法》，第一次明确在学生伤害事故的损害赔偿上鼓励通过保险机制来解决赔付资金问题，同时要求有条件的学校积极购买校方责任险。2004年，中体保险经纪有限公司成立，这是我国保险行业第一家专门运营体育保险的经纪公司，但该公司的主要业务范围仅限于运动员保险、赛事保险和体育保险咨询等，其业务范围并不涵盖学校体育保险。2007年，中共中央、国务院明确提出要建立和完善青少年意外伤害保险制度。2008年，教育部决定在全国中小学推行意外伤害校方责任保险制度，要求全日制普通中小学校、中等职业学校等原则上都要购买校方责任险。国家政府部门文件和政策的出台，明确了保险在教育领域的作用和地位，为我国教育保险事业的发展创造了良好的环境和条件。

近年来，我国的教育保险呈现良好的发展态势，教育保险产品已达到100多个品种，保险的覆盖面不断扩大。但是与发达国家相比，我国保险业在诸多方面还存在明显不足，许多领域的保

---

① 王和．关注校园风险　完善教育保险体系［J］．中国保险，2007（9）：8-11.

险还处于起步阶段，主要表现在保险行业费率过高、保险种类不齐全、保险条款不够灵活、供需矛盾突出、部分从业者契约精神欠缺、客户理赔困难时有发生、保险覆盖面过窄、保险专业人才偏少、国民保险意识薄弱等问题。在体育保险方面，保险公司主要为竞技体育、体育赛事提供保险服务，而在大众体育和学校体育领域投入较少。我国尚未建立正式的校园体育保险制度，也没有针对性的学校体育保险险种。保险公司已经推出的有关学生安全的保险产品通常都是学生平安险，也就是学生意外伤害保险，这种保险一直以来发挥着学校体育保险的功能。虽然学生平安险在一定程度上承担了学校体育保险的功能，但从我国学校体育的长远发展来看，这种笼统的险种在处置复杂的学校体育意外伤害事故赔偿方面存在明显的短板，也限制了学校体育保险业的进一步发展。①针对学生意外伤害事故，教育部颁布的《学生伤害事故处理办法》明确了校方应当为学生购买医疗保险，可是目前该险种存在诸多限制，如保险范围的限制、运动伤害标准的限制等。可以看出，对于校园体育领域和保险领域来说，学生体育保险制度尚未正式建立，在学校购买体育意外伤害保险的大多是代表学校参加比赛的极少数学生运动员，普通学生的日常体育活动未能纳入体育保险的范畴。学生对参与体育活动的风险认识不足，参与体育活动保险的意识不强，没有认识到体育保险的重要意义，保险公司在学校体育保险业务方面的自身拓展不足。所以，学生进行体育运动的风险一直存在且没有得到及时有效的保障。②

二、我国校园学生体育保险的发展思路

我国关于学校教育的立法，先后已有《义务教育法》(1986)、《教师法》(1993)、《教育法》(1995) 和《体育法》(1995)。这些法规确立了我国教育事业发展的基本方针、原则和措施，但作为学校教育的重要组成部分，有关体育教育的配套立

---

① 徐士韦，肖焕禹，谭小勇．学校体育保险机制构建视角下的学生体育权利实现［J］．西安体育学院学报，2013，30（5）：536-539.

② 周晖．对学校体育保险的探讨［J］．沈阳体育学院院报，2005（4）：37-39.

法相对缺失或滞后，在很多方面和现实情况脱节。此外，我国的《保险法》也没有将体育保险纳入其中，使得学校体育保险发展缓慢。教育部《学生伤害事故处理办法》虽然提及可以通过保险这一途径处理校园体育人身伤害事故的赔偿问题，但并没有制定相应的操作程序和实施规则。对学生是否强制投保、以何种方式投保、保险种类的设计、保险责任承担、保费支付及赔偿主体等并没有做出明确规定，导致在实践中缺乏可操作性。2015 年教育部颁布的《学校体育运动风险防控暂行办法》提出，教育行政部门和学校应当健全学生体育运动意外伤害保险机制，通过购买校方责任保险、鼓励为学生购买意外伤害保险等方式，不断完善学校体育运动风险管理及转移机制。

借鉴国外经验解决我国校园体育人身伤害事故的根本出路在于赔偿责任社会化。学校对因学生体育伤害事故频发而产生的经济赔偿往往力不从心，而在社会层面人们又普遍同情处于相对弱势地位的受伤害学生，各级法院的一些法官又倾向于使用公平责任原则和无过错责任原则，所有这些因素都将学校置于学生体育伤害事故中的不利境地。根据国外解决这一问题的经验并结合我国现实情况，把最容易发生学生伤害事故的学校体育活动纳入保险业，使学校体育事故的赔偿责任社会化，这会为解决当前校园体育人身伤害事故提供可借鉴的思路。要降低当前学校对学生体育伤害承担的风险，除了逐步调整当下司法裁判的倾向之外，学校采取体育保险的方式转嫁风险也是一种较为理想的选择。①

上海市于 2016 年 3 月起试点推行“学校体育运动伤害专项保障基金”，这是由上海市教委和中国人寿保险公司上海市分公司共同设立的公益性基金项目。与目前较为常见的校园意外责任险不同，该基金提供了免责保障，覆盖范围比较全面。鉴于体育运动意外伤害发生的偶然性较大，该基金重点保障校园里发生的运动意外伤害事故，且不刻意追究事故中涉及的学校和学生的过

---

① 薛仙．关于学校体育保险推广的可行性研究［D］．济南：山东大学，2012：48-49.

错责任。此外，基金保障范围也扩大到校园，凡是参加了保险基金的学校，其组织的体育运动，无论是体育课、体育比赛、体育活动，还是体育训练，都能够得到有效保障。

江苏省政府为有效化解校园体育人身伤害事故给学校及体育教师带来的不利影响，每年安排学生人身伤害事故责任险专项经费 4500 万元，把所有在校生和在园幼儿纳入保险范围，最高保险赔款限额为每生 75 万元，鼓励学校积极开展体育活动。这样的做法极大地消除了学校和体育教师在开展体育活动时的畏难情绪和后顾之忧，有力地保障了学校各类体育活动的正常开展。此外，在每四年一届的全省运动会中，江苏省教育厅为所有参赛的大中学生统一购买人身意外伤害险，为广大学生参与课余体育训练和竞赛保驾护航。

我国校园学生体育保险的发展思路可以重点从以下两个方面入手：一是要提高学校、学生及学生家长的保险意识。面对庞大的校园体育保险市场，长期以来，我国在校园体育保险方面存在宣传力度不够、政府和学校重视不够、学生及家长保险意识淡薄、保险业发展迟缓等问题。教育主管部门和保险公司要大力宣传学校体育保险知识，完善校园体育保险项目和制度。二是要加快配套立法，逐步完善法律法规，大力发展体育保险中介，建立学生互助型保险基金体系。要探索建立政府、学校、学生家庭三方联合承保机制，推动建立政府、社会、市场、家庭共同参与的多元化风险分担机制，尽量减轻学生家庭的保险负担，加快学校体育保险的市场推广。可以借鉴交通强制险模式，把学校体育保险作为一种附加险，如在学生入学购买医疗保险时也购买学校体育保险，这样就能使学生在校期间得到有效的保障。

第四节　我国校园体育人身伤害事故有效处置的救济机制

校园体育人身伤害事故的救济是指一旦在校学生发生此类意

外事故，当事人之间产生纠纷，通过司法、行政等救济途径，摆脱受害方的困扰。我国的救济方法主要有调解、民事诉讼、行政诉讼和国家赔偿等。此外，仲裁制度也是解决体育纠纷的一种常用的重要救济方式。仲裁方式与司法诉讼方式一样，都是体育纠纷的外部解决方式，但仲裁方式多用于解决因禁用药物、运动员转会、参赛资格和竞赛成绩等引发的体育纠纷，一般多用于竞技体育运动中，在我国社会体育和学校体育纠纷中运用较少。对于那些校园体育人身伤害后果不严重的事故纠纷，在协商、调解不成功的情况下可采用仲裁的方式解决。

一、我国校园体育人身伤害事故救济的现状

（一）我国校园体育人身伤害事故以和解或内部调解居多，司法诉讼较少

处理校园体育伤害案件，可通过以下方式来明确当事人的法律责任：第一种方式是自行协商，即当事人可以依据自愿原则就事故责任问题进行协商；第二种方式是通过第三方参与调解，即如果当事人无法通过自行协商的方式明确责任承担的问题，可以由无利害关系的第三方进行调解。以上两种责任认定的方式都具有灵活性，通常情况下不受法律规范的限制，无需遵循一定的法律程序，这也是目前学校处理此类事故的普遍做法。如果当事人对和解与内部调解结果不服，大部分学校为了降低伤害事故对学校及学生造成的不良影响，都会采取继续调解的方法，不到万不得已，当事方都会尽量避免采取司法诉讼的方式来解决争端。因此，对于我国校园体育人身伤害事故的处置方式，通过司法诉讼方式解决的相对较少。

（二）我国校园体育人身伤害事故仲裁机制缺乏

体育活动的高风险性，使得校园体育人身伤害事故频频发生。由于学校在传统上被认为处于强势地位，而受伤学生处于弱势地位，当学生在校园里发生人身伤害事故时，学生及其家长都会要求学校承担一定的责任并进行相应的经济损失补偿，这样的做法甚至都成了一种惯例。随着我国公民法治意识的提升，受伤

学生及其家长的维权意识越来越强，但我国尚未建立学生意外伤害的仲裁机制，目前也缺乏有针对性的、清晰有效的法律条文依据，这为有效处置校园伤害事故带来了诸多现实难题。因此，教育管理部门应建立校园学生意外伤害事故仲裁机制，伤害事故发生后，学校应当与事故受害方借助仲裁途径来解决伤害事故的纠纷，这样就会避免非法律效力的协议产生。

二、我国校园体育人身伤害事故妥善处置的救济机制

在分析我国当前校园体育人身伤害事故救济现状的基础上，为妥善处置校园体育人身伤害事故，就必须建立救济制度，并通过仲裁机制解决纠纷。我国的救济方法主要有调解、民事诉讼、行政诉讼和国家赔偿等，由于校园体育人身伤害事故大多是民事侵权行为，救济方法主要采用调解和民事诉讼。

（一）通过司法调解解决校园体育人身伤害事故

调解是一种解决纠纷的内部机制。司法领域的调解具有较为完善的解决纠纷的原则、方法和程序，这种以体系化、规范化为内容的调解要素便构成了完整的调解制度。校园体育人身伤害事故调解是指校园体育人身伤害事故双方当事人以外的第三方依据国家政策、法律法规、部门规章及社会公知良俗等，通过对双方当事人进行劝导、协商及说和，促使当事双方本着相互谅解的精神自愿达成谅解协议，最终解决纠纷的活动方式。对于人身损伤不太严重的校园体育人身伤害事故，可通过调解来解决。调解必须让涉事双方自愿，理想的调解要在第三方主持下进行。此外，调解过程中对双方提出诉求的依据应比较广泛，不应仅仅限定在过于刻板的法律法规条款，道德和人情等因素都可以作为诉求标准和依据，调解的场所、过程、形式、程序都可以由当事双方协商，具有灵活性。调解的不足之处在于效率较低、法律效力不强、调解过程不易控制，有时会无果而终。根据调解的不同性质和特点，解决校园体育人身伤害事故纠纷的调解制度有人民调解、仲裁调解、民间调解和司法调解等。当事双方可以根据校园体育人身伤害事故的具体情况选择相应的调解制度和方式就争议

问题进行协商调解。

（二）通过民事诉讼解决校园体育人身伤害事故

在现代法治社会，司法权是国家权力的重要构成，诉讼方式是一切争端解决和权力保护的底线，也是体育纠纷达到一定激化程度后必须采用的外部解决方式。①校园体育人身伤害事故发生后，如果不能通过当事双方的调解解决，则只能通过司法诉讼这种法律救济途径来解决。司法诉讼是一种高效解决校园体育人身伤害事故纠纷的方法，原因在于在国家司法机制下各级法院依据相关法律法规做出的最终判决具有权威性和强制性，是纠纷解决的最终裁决，要求当事人无条件服从和执行。司法诉讼分为民事诉讼、行政诉讼和刑事诉讼三种。通过行政诉讼和刑事诉讼解决校园体育人身伤害事故纠纷的案例较少，本研究主要从民事诉讼方面对校园体育人身伤害事故进行分析探讨。

民事诉讼是指民事争议的当事人向人民法院提出诉讼请求，人民法院在双方当事人和其他诉讼人的共同参与下，依法审理和裁判民事争议的程序和制度。②在民事诉讼中，当事双方处于对立的立场，作为国家司法机关的各级人民法院则处于中立地位，这样才能保证司法裁判的实体公正和形式公正。当发生损害后果较为严重的校园体育人身伤害事故且不能通过协商、调解的方式解决争端和纠纷时，受害一方通常会选择通过民事诉讼的途径来实现自己的诉求。诉讼至法院的校园体育人身伤害事故，必须依靠国家强制力来解决当事双方的纠纷和诉求。各级法院对于校园体育人身伤害事故做出的终审裁定和判决，当事人必须无条件服从和执行，并履行判决所确定的赔偿义务。如果不主动履行裁定和判决，法院可以在诉讼一方的申请下强制执行。

总之，我国校园体育人身伤害事故的法律救济制度还不够健

① 郭树理．体育纠纷的多元化救济机制探讨：比较法与国际法的视野［M］．北京：法律出版社，2004：85.

② 岳明，徐士韦．学校体育伤害事故法律救济制度研究［J］．体育科研，2012（1）：54-57.

全，相关的法律支撑机制也不够完善。校园体育人身伤害事故采用和解或内部调解的方式居多，通过司法诉讼解决的相对较少。调解的不足之处在于效率较低、法律效力不强，而司法诉讼是一种高效解决校园体育人身伤害事故纠纷的方法。此外，校园体育人身伤害事故的救济除了通过保险、调解、诉讼等方式解决外，引导学校建立安全风险基金或者学生救助基金不失为一种理想的选择，这就要求教育主管部门和学校在这方面应该予以重视并有所作为，着手建立妥善处置我国校园体育人身伤害事故的内外结合、多元化的救济机制。

第五节　我国校园体育人身伤害事故有效处置实证分析

案例分析是实证研究的重要手段。在前期理论分析和实践研究的基础上，结合我国司法制度，以法律法规和客观事实为依据，选取实践领域校园体育人身伤害事故的典型案例，从民事侵权的法律、法理层面剖析我国校园体育人身伤害事故的司法审判问题，以厘清我国校园体育人身伤害事故合法、合理、合情处置的实践模式，进而为我国各级各类学校、教师、学生及家长防范校园体育人身伤害风险、妥善解决伤害事故提供经验和思路。案例研究从学校承担责任的案例和学校不承担责任的案例两个方面进行分类分析。

一、学校承担责任的案例分析

【案例一】体育课上踢足球时，学生抢球发生碰撞，一人腿部骨折。

上诉人（原审原告）：张某龙。

委托代理人：张某银。

被上诉人（原审被告）：缪某东。

被上诉人（原审被告）：南通 A 学院。

法定代表人：王某，学院院长。

原审被告：缪某。

原审查明，张某龙与缪某东均系南通A学院的在校学生且为同班同学。2014年3月11日上午，上体育课，当时体育老师秦某喆未在现场，张某龙、缪某东和同学一起踢足球，张某龙在与缪某东抢球过程中跌倒并受伤。张某龙受伤后，被送至南通瑞慈医院治疗，诊断为左内外踝骨折，左踝关节脱位。后于2014年3月12日转至南通大学附属医院治疗，诊断为左胫腓骨下段骨折。张某龙于2014年3月26日治愈出院。

原告认为，本案的案由应为教育机构责任纠纷，张某龙的受伤是在学校上体育课踢球造成的，当时体育老师秦某喆未在现场，南通A学院在体育课堂教学中没有对学生进行相应的安全教育，也没有在可预见的范围内采取必要的安全措施，故本案的案由应为教育机构责任纠纷，而不应为一般人身损害赔偿纠纷。故对南通A学院提出本案应适用一般人身损害赔偿纠纷处理的抗辩理由，法院不予支持。

本案各方当事人应承担民事责任的认定问题：南通A学院作为教育机构，应当对学生进行安全教育、管理和保护。南通A学院的任课老师在上体育课时，未在教学现场，对学生踢球没有给予安全教育和指导，没有采取必要的安全措施，未尽到安全保障义务，学校存在过错，故对张某龙的受伤应承担一定的民事责任。同时，包括非正式比赛在内的所有足球运动，具有高度的危险性，张某龙及缪某东作为完全民事行为能力人自愿参加该项高危险性的体育运动，应视为一种甘冒风险的行为。张某龙应该能预见到参加活动的风险，自身应承担责任。张某龙的受伤是由于缪某东的抢球引起的，故缪某东应当承担一定的赔偿责任。缪某东致人损害时年满十八周岁，应当由其本人承担民事责任，但因缪某东现为在校学生，其没有经济收入，由抚养人缪某垫付。原审法院综合各种因素酌情确定，在本起事故中，南通A学院承担20%的责任，缪某东承担20%的责任（由抚养人缪某垫付），张某龙承担60%的责任。

经双方当事人确认，本案二审争议焦点为缪某东对张某龙的受伤是否应承担赔偿责任，赔偿责任比例是多少。根据《民法通则》第 132 条规定，在当事人均无过错的情况下，可以使用公平责任原则。本案中，南通 A 学院作为教育机构未尽到教育职责，在学生上体育课时，教师离开教学现场又未妥善安排教学活动，对学生组织的足球运动未给予安全教育和指导，存在一定过错。足球运动具有较强的身体对抗性，在足球运动中可能发生的伤害属于竞技体育类运动正常的潜在风险。张某龙作为完全民事行为能力人，明知足球运动的风险而自愿参加，视为其甘愿接受该运动带来的风险，其在足球运动中正常抢球而造成自身伤害的，自身应承担责任。目前没有充分证据证明缪某东对张某龙实施抢球行为时存在故意的伤害，但张某龙的受伤毕竟是因缪某东抢球引起的，故缪某东也应对张某龙的损害承担一定赔偿责任。原审法院综合各方的过错程度酌定的赔偿比例无明显不当，张某龙要求调整赔偿比例的上诉请求无充分依据，本院难以支持。原审认定事实清楚，适用法律正确，应予维持。依照《中华人民共和国民事诉讼法》第 170 条第 1 款第（一）项的规定，判决如下：驳回上诉，维持原判。

学校承担责任，法院判决学校承担 20%责任。

总结：本案中，南通 A 学院作为教育机构未尽到教育职责，在学生上体育课时，教师离开教学现场又未妥善安排教学活动，对学生组织的足球运动未给予安全教育和指导，存在一定过错。足球运动具有较强的身体对抗性，在足球运动中可能发生的伤害属于竞技体育类运动正常的潜在风险。张某龙作为完全民事行为能力人，明知足球运动的风险而自愿参加，视为其甘愿接受该运动带来的风险，其在足球运动中正常抢球而造成自身伤害的，自身应承担责任。目前没有充分证据证明缪某东对张某龙实施抢球行为时存在故意的伤害，但张某龙的受伤毕竟是因缪某东抢球引起的，故缪某东也应对张某龙的损害承担一定赔偿责任。在本起事故中，南通 A 学院承担 20%的责任，缪某东承担 20%的责任

(由抚养人缪某垫付)，张某龙承担60%的责任。

【案例二】中学生在体育课足球比赛中因抢球发生碰撞，一名同学锁骨骨折。

2014年10月，上海一所中学体育课上，体育老师安排两个班级进行足球比赛。小汪在带球时，小于从小汪背后抢球，两人发生身体接触，小于倒地受伤。事故发生后，小于被送到医院，诊断为右锁骨骨折。事发时，小于、小汪是不满14周岁的未成年人。2016年7月，小于的父母将学校、小汪及其父母上诉至法院，要求赔偿小于各种费用16万元。一审法院认为，鉴于该案的证据不能证明某一方存在过错，根据相关法律规定，当事人分担民事责任，判决小于、小汪、学校三方各承担1/3的责任。根据核定小于的合理损失，学校、小汪各赔偿小于1万余元。

一审判决后，小汪父母表示不服，以“损害后果由小于自己行为造成”向上海市第一中级人民法院提起上诉。2017年5月，上海市第一中级人民法院开庭审理此案，并终审裁定，校方承担1/3的责任，小汪不承担责任，小于自行承担剩余责任。

该案件的一审宣判，曾在国内引起了较大的反响和争议。2018年，该案件的两次审理及判决结果被多家媒体、微信公众号以“法院要都这么判　校园体育还怎么干”为题评论转发，在国内引起强烈反响。案例让不少人感到困惑，为什么学校要为这种意外伤害承担责任？特别是一审法院认定小汪承担1/3的责任、赔偿1万余元的判决，更是让人难以接受。

特别说明：案例一和案例二的学生受伤情况基本类似，都是在体育课上踢足球时发生的意外伤害事故，并且都在2014年。在案例一中，一审法院判决了抢球学生缪某东承担20%的赔偿责任，二审法院也维持了原判；在案例二中，一审法院判决抢球学生小汪承担1/3的赔偿责任，但二审法院通过审理并终审裁定，抢球学生小汪不承担赔偿责任，校方承担1/3的责任，小于自行承担其余责任。相似的案例，不同地方的法院做出了不同的判决结果。正如本书前面章节研究所指出的：从目前我国的司法实践来看，对于校园体育人身伤害事故中的归责原则和赔偿，各地法院的判决并不相同。司法部门在处理校园体育人身伤害事故时，在如何依法归责等问题上存在着分歧，这一点是值得我们深思的。

【案例三】体育课上，老师组织学生在篮球场上踢足球，导致学生摔倒手臂骨折。

上诉人（原审被告）：邵阳县 S 学校。

法定代表人：王某齐，该校投资人。

委托代理人：毛某武，该校职工。

被上诉人（原审原告）：王某某，男，汉族，2006 年 10 月 27 日出生，学生。

法定代理人：吴某某，女，汉族，1976 年 9 月 17 日出生，系王某某之母。

原审法院查明，原告王某某系邵阳县 S 学校小学部二年级学生。2015 年 4 月 14 日下午 4 时许，王某某在校上体育课，体育老师组织其班上男生到校篮球场上踢足球，因王某某在追踢同学传来的足球至篮球架下时不慎摔倒受伤，授课老师查看后及时通知其家长并将王某某送至邵阳县第二人民医院就诊，后转邵阳市中心医院就诊 3 天，初步诊断为左尺桡骨骨折，同年 4 月 17 日转至正大邵阳骨科医院住院治疗 24 天，确诊为左尺桡骨骨折。

二审法院认为，本案系健康权纠纷。争议焦点是邵阳县 S 学校在本次事故中是否存在过错及责任的划分。本案事故发生时，王某某所在班级正在上体育课，体育老师组织学生分成两人一组在篮球场上进行足球传接球运动，该运动主要是用脚进行，其在场地要求、设施配备上不同于篮球运动，体育教学组织学生在篮球场上踢足球，存在明显不妥，是导致本案事故发生的主要原因，学校具有明显的过错。邵阳县 S 学校上诉提出没有过错的意见，本院不予采纳。王某某作为一名只有 8 岁的无民事行为能力人，对事情的判断和自我保护能力较差，在本案中没有明显过错，原审基于学校过错判决由学校承担事故的全部责任正确。

根据我国《侵权责任法》第 38 条，学校使用不符合规定的场地进行体育活动，未尽到管理责任，且受害学生为未成年人，故学校承担全部责任。受害人作为无民事行为能力人，不承担责任。

总结：体育老师组织学生分成两人一组在篮球场上进行足球传接球运动，该运动主要是用脚进行，其在场地要求、设施配备上不同于篮球运动，体育教学组织学生在篮球场上踢足球，存在明显的不安全因素，是导致本案事故发生的主要原因，学校具有明显的过错。王某某作为一名只有 8 岁的无民事行为能力人，对事情的判断和自我保护能力较差，在本案中没有明显过错，原审基于学校的过错判决由学校承担事故的全部责任正确。

【案例四】体育课安排英语老师代为上课，学生在操场活动时导致受伤。

上诉人（原审被告）：调兵山市 D 小学。

法定代表人：许某，该学校校长、党支部书记。

被上诉人（原审原告）：任某缘，男，汉族，2006 年 8 月 10 日生，学生。

法定代理人：任某峰，男，汉族，1979 年 10 月 14 日生，干部。

一审法院经审理查明：原告任某缘系被告调兵山市 D 小学二年级学生。2014 年 5 月 20 日上午 11 点左右，任某缘在体育课上摔倒受伤，造成其在铁煤集团总医院第一次住院治疗 12 天、第二次取钢板住院治疗 7 天的后果，两次共计住院天数 19 天。事后查明，该节体育课由英语老师代课且该老师处于孕期。经原告任某缘申请，本院依法委托辽宁仁和司法鉴定中心对原告的伤残进行了鉴定，评定结果为原告任某缘左桡骨远端闭合性骨折，为 10 级伤残。原告任某缘受伤时未满 10 周岁，系无民事行为能力人。

二审法院认为：根据我国《侵权责任法》第 38 条，被上诉人任某缘属于无民事行为能力人，在上诉人处上体育课期间受到伤害，应适用《侵权责任法》该条规定，适用无过错责任原则。

上诉人应承担举证责任证明尽到教育、管理职责，方可免责。本案中，任课的体育老师不是专业的体育老师，而是由英语老师担任且该老师正处于怀孕这一特殊时期。结合体育课的专业性、特殊性且该课程教学对任课老师专业有较高的要求，上诉人辩解称自己尽到了教育、管理职责，证据不足，该辩解理由不能成立。判定学校未能尽到管理职责，承担全部责任。

总结：本案中，二审法院认定学校未尽到管理责任的关键因素，就是任课老师不是专业的体育老师，而是由英语老师担任，加上该英语老师在进行体育教学活动时处于怀孕这一特殊时期，学校在体育教学安排上存在明显过错，而且受伤学生为未成年人。故法院认定学校辩称尽到了教育、管理职责的理由不能成立，学校承担责任。

【案例五】学生晚自习下课后在学校操场单杠上进行锻炼时跌落摔伤。

原告：张某某，男，汉族，1992 年 11 月 1 日出生，住四川省平昌县。

被告：山东 L 职业学院。

主要负责人：王某某，院长。

委托诉讼代理人：罗某某，该学院教师。

原告张某某在晚自习下课后返回学校宿舍途中使用学校操场单杠进行锻炼时跌落摔伤，随即被送往山东大学齐鲁医院进行紧急治疗，诊断为颈脊髓损伤并四肢瘫，颈椎爆裂骨折（C5）。经查，被告山东 L 职业学院未按照国家相关规定提供符合标准的体育器械及场地，且未定期对相关设施进行修缮及维护，未尽到相应的义务。原告在使用不符合国家标准的体育设施进行锻炼时摔伤，因此，被告存在过错。

法院认为，本案原告张某某在事故发生时已年满 18 周岁，其对自身的行为应当具有正确的认识，并对自身行为承担相应责任。原告受伤时间为 21 时至 22 时之间，该时间应为原告自由活动时间。根据目击者学生陈述，原告系在进行难度较大且较为危险的动作时摔落受伤，其应当认识到在没有相关人员辅助或采取相应保护措施的情况下从事此类动作的危险性，但其在不具备上述条件的情况下进行活动导致自身受伤，应当对自身的受伤承担主要责任。学校作为被告，应当对在校学生的安全尽到一定的安全保障义务，并且涉案事故发生在校园内，被告应对该事故承担次要责任。因此本院酌定原告对其本次受伤承担80%责任比例，被告对原告受伤承担20%责任比例。

依据《学生伤害事故处理办法》第9条的规定：学校的校舍、场地、其他公共设施，以及学校提供给学生使用的学具、教育教学和生活设施、设备不符合国家规定的标准，或者有明显不安全因素的，造成的学生伤害事故，学校应当依法承担相应的责任。

总结：原告学生是年满18周岁的成年人，应当能够认识到在体育活动中的危险性，其应当对自身的受伤承担主要责任。学校未提供符合国家标准的体育器械及场地，且未定期对相关设施进行修缮及维护，未尽到相应的义务，存在管理上的漏洞，应对该事故承担次要责任。

【案例六】受害人在探亲期间去学校打篮球时抓篮圈导致篮板砸中头部，最终抢救无效死亡。

上诉人（原审被告）：泾源县Y小学。

代表人：马某升，该校校长。

被上诉人（原审原告）：吴某毕，男，1969年8月19日生，住宁夏泾源县。

被上诉人（原审原告）：于某连，女，1971年3月10日生，住宁夏泾源县。

被上诉人（原审被告）：赛某，男，1990年6月1日生，住宁夏泾源县。

被上诉人（原审被告）：伍某军，男，1991年11月28日生，住宁夏泾源县。

被上诉人（原审被告）：王某辉，男，1992年2月28日生，住宁夏泾源县。

被上诉人：禹某秀，男，1990 年 11 月 15 日生，住宁夏银川市西夏区。

被上诉人：伍某东，男，1991 年 11 月 1 日生，住宁夏银川市西夏区。

原审法院经审理查明，受害人吴某飞系二原告之子，生前在宁夏银川市生活工作。2015 年 1 月 7 日 16 时许，吴某飞在探亲期间与伍某军、伍某东、王某辉、禹某秀、赛某去被告处打篮球，到该校门口见学校侧门敞开着，吴某飞等人便进入校园的篮球场。在打球过程中，吴某飞运球投篮，后又跳起抓篮圈，不料篮球架倒下将吴某飞压在下面，篮板的一角砸在吴某飞头部，在后面的伍某东、禹某秀、王某辉、伍某军、赛某将篮球架挪过后见吴某飞头部流血，及时通知其家人后将吴某飞送往泾源县医院进行抢救。由于其颅脑外伤，心跳呼吸骤停，经抢救无效于当日死亡。

二审法院认为，本案是因篮球架倒塌致人损害的侵权诉讼。吴某飞与被上诉人赛某、伍某军、王某辉、禹某秀、伍某东相约在泾源县 Y 小学篮球场打篮球，因篮球架倒塌将吴某飞砸伤后抢救无效死亡。根据最高人民法院《关于民事诉讼证据的若干规定》第 4 条第 4 项："建筑物或者其他设施以及建筑物上的搁置物、悬挂物发生倒塌、脱落、坠落致人损害的侵权诉讼，由所有人或者管理人对其无过错承担举证责任。"上诉人泾源县 Y 小学提供的证据不足以证明其无过错，小学应当对学校的体育设施妥善管理，排除安全隐患，因未能妥善管理导致事故的发生，应承担赔偿责任。吴某飞事发时系身体健康、智力健全的成年人，应当能预见篮球架存在安全隐患，在打篮球时抓篮筐导致篮球架倒下砸伤并死亡的后果存在行为过错，应适当减轻上诉人泾源县 Y 小学的赔偿责任。

总结：学校未能对校园内体育设施进行妥善管理、未能及时消除安全隐患导致事故的发生，学校未尽到管理责任，应承担赔偿责任。受害人事发时系身体健康、智力健全的成年人，应当能预见篮球架存在安全隐患，打球过程中跳起抓篮圈的行为存在过错，应承担相应责任，并适当减轻学校责任。

【案例七】课间操期间，学生发生猝死事故。

上诉人（原审原告）：王某德，男，1967 年 2 月 18 日生，住银川市。

上诉人（原审原告）：周某英，女，1967 年 11 月 10 日生，住银川市。

共同委托代理人：王某某，女，1989 年 12 月 1 日生，住银川市。

被上诉人（原审被告）：银川市 D 小学。

法定代表人：周某红，该校校长。

原审法院查明，王某某为上诉人王某德、周某英的子女。2014 年 1 月 15 日，经银川市第一人民医院检查，王某某患有先天性主动脉瓣单瓣畸形、主动脉瓣狭窄（重度），左心功能正常。后二原告将王某某患病的情况告知了被告方，被告方便不让王某某参加任何体育活动。2015 年 4 月 22 日 10 时许，在学校的大课间操期间，王某某自行加入班级跑步队伍中，被其班主任发现后劝离，王某某在离开队伍过程中摔倒在地，嘴唇发紫。事发后，王某某被送至宁夏回族自治区人民医院（西夏分院）进行抢救，因抢救无效死亡。

2014 年 6 月 24 日，银川市第一人民医院出具的疾病诊断证明书显示，王某某的病情为先天性心脏病、主动脉瓣单瓣畸形、主动脉瓣狭窄（重度）。

法院认为，本案争议焦点为被上诉人是否对患有特定疾病的王某某的死亡结果尽到了必要的注意义务。具体到本案中为以下几点：（1）王某某如何加入课间操队形，是按照体育老师预先排好的队形还是自行加入的。（2）王某某加入队形后，是否实际进行了跑步。（3）老师何时发现王某某在队伍中，是在开始整理队形时还是在跑步当中王某某晕倒后。关于第一点，双方陈述不一，仅有二审上诉人提交的王某某的书面证人证言，无其他证据印证，本院对王某某按照体育老师预先排好的队形参加事发当天的课间操这一事实不予认定。关于第二点，上诉人二审提交的证据可以证实王某某确实参加了跑步，跑了两圈半。关于第三点，上述证据亦可以证明老师在王某某至少跑了两圈半晕倒后发现王某某在队伍中。基于以上事实，法院认为，王某某系限制民事行为能力人且被上诉人明知其患有特定疾病，在被上诉人课间操过程中，被上诉人未尽到必要的管理与注意义务，导致王某某参加了跑步，被上诉人存在过错，应当承担一定的责任。另外，若王某某自身未患有特定疾病，跑步两圈半导致猝死的概率极小，故王某某患有特定疾病亦是其死亡结果的原因。法院根据被上诉人的过错程度及王某某自身特定疾病认定学校未尽必要的管理义务，在本案中承担50%的责任为宜。

总结：学校教师明知学生患有不宜参加体育运动的特定疾病，但在课间操跑步活动中，学校未尽到必要的管理与注意义务，导致学生参加了跑步，学校存在过错，应当承担一定的责任。学生患有特定疾病是其死亡结果的原因，最终法院判决双方平均分担事故责任。

【案例八】学生参加学校组织的篮球训练时扭伤左腿。

上诉人（原审被告）：新泰市 P 学校。

法定代表人：朱某启，该校校长。

委托代理人：张某，山东仁诚律师事务所律师。

被上诉人（原审原告）：翟某。

法定代理人：翟某昆。

一审法院查明，原审原告翟某系新泰市 P 学校学生。2015 年 5 月，学校拟组织参加篮球比赛，经班主任同意，翟某被挑选为篮球队员，并参加学校组织的每天下午的篮球训练。5 月 29 日下午，翟某在参加篮球训练时扭伤左腿，在新泰市第一人民医院住院治疗，诊断为左膝挫伤，左髌骨半脱位，左膝内侧支持带损伤。翟某住院治疗 11 天，诊断书记载休息 6 周。原审原告方支出住院费用4799.10元、门诊医疗费1660.28元，共计6459.38元。

原审被告新泰市P学校提供安全教育手册、安全教育目标责任书、篮球训练方案及体育教师李某某的证词，认为学校已尽到教育、管理责任，不应承担责任。

二审法院认为，被上诉人翟某在上诉人新泰市P学校组织的篮球训练中受伤，属于意外事件，双方均没有过错。一审法院根据双方在篮球训练活动中的地位及受益程度，按照公平责任判令新泰市P学校承担70%的责任并无不当，学校尽到了安全管理教育义务，故上诉人认为公平责任的比例划分失当的上诉理由不能成立，不予采纳。

总结：学生在学校组织的篮球训练中受伤，属于意外伤害事件，学校和教师按工作要求组织学生训练，工作并无不当之处。两审法院均认为事故中双方均没有过错，一审法院根据双方在篮球训练活动中的地位及受益程度，按照公平责任原则判令学校承担70%的主要责任。

【案例九】学生在教学楼前大理石空地上上体育课，在任课教师不在场的情况下，学生自发练习"后空翻"导致头部受伤。

上诉人（原审被告）：Q学院。

法定代表人：武某廷。

委托代理人：吴某天。

委托代理人：罗某云。

被上诉人（原审原告）：程某某。

法定代理人：吴某。

一审法院查明，程某某原系Q学院三亚分校体育学院大一新生。2009年11月30日晚上8点至10点，程某某和全班同学一起在学校6号教学楼前的大理石空地上上体育课，上课场地的灯光来源为6号教学楼教室内的灯光和路灯。上课前，任课老师王某成已告知学生要注意安全。晚上9点左右，王某成老师给学生指导、复习初级长拳和棍术。当时程某某和几个同学自发练习高难度动作"后空翻"，任课老师王某成并不在教学现场。程某某是第四个练习该动作的学生，在做“后空翻”动作时发生意外，其头部着地严重受伤，并当场深度昏迷。后被老师和同学送往海南省农垦三亚医院抢救，经过两个多月抢救性治疗后苏醒。

一审法院经审理后认为学校应承担主要责任，判决学校对事故承担 70%责任。Q 学院不服第一次诉讼做出的（2010）城民一初字第 1417 号民事判决，向三亚市中级人民法院提起上诉。

上诉人 Q 学院上诉称：一审判决上诉人承担事故责任 70%不当。程某某对超出课堂教学内容，擅自练习后空翻应当承担完全责任。原因有：（1）体育运动本身有一定风险，参加体育运动本身已默示愿意承担相应风险。（2）当时体育课的教学内容是学习长拳，程某某不顾后果擅自偷偷练习“后空翻”完全超出了教学内容，本身是危险违纪行为，不应受到法律的支持和鼓励，程某某应当对损害后果承担主要责任。（3）程某某是成年大学生而不是幼儿园小朋友，擅自练习危险动作属于违反课堂纪律，是明知和故意的，对危害性有合理的预见且有克制力而为之，对自我制造的危险持放任态度。

二审法院认为，程某某在 Q 学院上课期间因练习“后空翻”动作而摔伤。生效的（2011）三亚民一终字第 224 号民事判决认定 Q 学院应对事故承担 70%的赔偿责任，程某某承担 30%的责任，对此，虽 Q 学院持有异议，但未提供证据足以推翻生效判决所确认的事实。因此，Q 学院主张不承担涉案事故责任于法无据，不予支持。一审查明的事实属实，本院予以确认。最终做出（2011）三亚民一终字第 224 号民事判决，终审判决认定 Q 学院应对事故的发生承担 70%的责任。

总结：学校安排学生晚上在教学楼前上体育课，借用教室灯光和路灯，存在事故发生时任课老师不在场、使用教学场地不符合体育教学要求等多方面的不当和过错，应当承担主要责任，法院判决学校承担 70%责任。受害人作为完全民事行为能力人，理应认识到自己行为的后果，存在一定过错，故承担 30%责任。

【案例十】大学生在进行体质健康测试中猝死。①

2015 年 11 月 10 日下午，河南省 S 学校 19 岁的大一新生庞某在学校组织的体能测试中猝死。猝死大学生父亲庞某中（失独）将河南省 S 学校和河南省教育厅告上法庭。历时两年的诉讼中，庞某中提出了三点主要诉求：要求 S 学校和河南省教育厅赔偿死亡赔偿金、丧葬费、被扶养人生活费、精神损失费近 115 万元；要求 S 学校退还学生的 6000 元学费；要求 S 学校和河南省教育厅向本人赔礼道歉。河南省商丘市梁园区人民法院立案审理此案。

庞某死亡前一周的 11 月 6 日下午 4 时许，S 学校的大一新生庞某收到学院公体部的一条飞信通知：大一新生在下周一、二、五集中进行体质测试。通知中写明："学生不得缺席，否则后果自负，测试成绩计入学生本学期本人体育成绩。"2015 年 11 月 10 日下午 3 时左右，庞某和同班同学被安排进行体质测试。庞某在 1000 米的跑步过程中在距离终点 200 米处被操场跑道凸起的井盖绊倒，发生事故。据同学王某回忆，当时庞某摔倒后趴在操场上大口大口地喘气，出现晕厥、抽搐、呼吸困难症状，体育老师也立即过去了，期间有人拨打了 120 急救电话。体育老师让学生把庞某翻过来放平，问周围同学谁会做人工呼吸，一个同学说在高中听老师讲过人工呼吸课，老师就让这个同学帮着做人工呼吸。之后，体育老师给庞某做了心肺复苏。15 分钟后 120 赶到，庞某已经没有了呼吸，医生进行心肺复苏后无效，就紧急将庞某送往当地医院，最终经抢救无效后死亡，死亡原因诊断为猝死。

庞某去世后，庞某中夫妇将 S 学校和河南省教育厅告上法庭，在郑州高新技术产业开发区人民法院立案后，S 学校提出管辖权异议，法院没有开庭，将案件移送案发地商丘市审理。2017 年 11 月 15 日，商丘市梁园区人民法院重新立案，进行普通程序一审审理。

---

① 商丘师院 19 岁大学生校园体测猝死，父亲历时两年状告教育厅［EB/OL］.（2018-02-06）. http://www.sohu.com/a/221257856_387174.

家长质疑：错失最佳抢救时间谁之过？没有医疗救助保障的体质测试是否合规？

据同学王某回忆，当时的情形是庞某每 10 秒左右就会抽搐一下，而这也成了庞某中对儿子猝死的最大质疑。

“当时在孩子还有呼吸的情况下给孩子做人工呼吸，只会恶化状况。”庞某中认为，学校体育老师没有救援常识，在晕倒的情况下应该让孩子侧躺而不是平躺，更不应该在有呼吸的情况下做人工呼吸，不当的救援方式加速了儿子的猝死，延误了最佳的抢救时机。

儿子的去世让庞某中对这次体质测试也产生了怀疑。国家明确规定，在体质测试的测试前、测试中、测试后都要有医疗介入，但学校面对这么多学生的体质测试，居然没有配备相关的专业医护人员，这也导致庞某在昏厥后无法及时进行正确的救援。

庞某的晕倒源于一块凸起的井盖。在这场 1000 米的测试中，庞某在 800 米的位置跌倒，恰恰被绊倒在这块井盖上。“跑道上怎么会有凸起的井盖？”这也成为庞某中的质疑之一。

所有这些疑惑都成为庞某中不甘心儿子猝死的原因。

“如果学校是在充足医疗保障的前提下进行救援但没有成功，我也就甘心了，但是学校在学生安全方面出现重大隐患，这究竟是谁之过？”

一份河南省 2015 年普通高校招生考生体格检查表显示，庞某心脏及血管、血压、呼吸系统、神经系统等指标正常。

庞某去世后，校方告诉父亲庞某中，庞某的 1000 米跑步是体育课，并不是体质测试，但儿子手机中的飞信写明的“体质测试”又是怎么回事？这让庞某中疑惑。

另外，如果是体质测试，学校并没有按照教育部规定在测试现场配备医护人员，毫无安全保障可言，是否属于违规操作？

总结：因各种原因，本案的最终审判结果没有查证到，也没有获取到最后学校承担了多少民事赔偿责任的信息，以及学生家长是否对最终的法院裁决满意，但一个失独家庭所要承受的伤痛是无法弥补的。该案例也展示了校园体育人身伤害事故发生的突然性、复杂性、不可预测性及造成损害后果的严重性。从事故的发生过程可以看出，学校在安排学生进行体质健康测试时没有按规定安排医生在现场值班，存在明显违规之处，学校要承担一定的责任。同时需要指出的是，学生身体是否存在不适宜运动的诱发猝死的疾病，是法院裁定责任归属的关键因素。

二、学校不承担责任的案例分析

【案例一】学生参加学校轮滑社团，在活动中与他人相撞，导致尾骨骨折。

原告：王某婉。

被告：王某林。

委托代理人：王某阳（代理权限：特别授权）。

被告：W 学院。

负责人：王某清，河南某大学 W 学院院长。

原告王某婉系被告 W 学院郑州校区艺术系 2013 级主持与播音 1 班学生，被告王某林系被告 W 学院郑州校区建筑与测绘工程系 2011 级土木 1104 班学生。2013 年 10 月 17 日 20 时许，原告王某婉与被告王某林在被告 W 学院伯苓广场学习轮滑时发生碰撞。次日，原告王某婉被送至中牟县中医院进行治疗。经诊断，原告尾骨骨折。原告在该院住院治疗 1 天，于 2013 年 10 月 19 日出院，在该院共花费医疗费 1145.62 元。原告出院后，回家保守治疗。

2014 年 4 月 11 日，原告王某婉委托平顶山平安法医临床司法鉴定所对其伤残等级进行评定。2014 年 4 月 20 日，该鉴定所出具平安司鉴所（2014）临鉴字第 77 号鉴定意见书，原告王某婉的尾骨骨折，构成 10 级伤残。

另查明，原告王某婉为被告 W 学院花滑世界轮滑社的成员，被告王某林不是该社团成员。2013 年 10 月 18 日，被告王某林就事发当晚的情形出具情况说明一份。

法院认为，公民的健康权受法律保护。本案中，原告王某婉与被告王某林在学习轮滑过程中相撞导致原告尾骨骨折，轮滑活动本身具有一定的危险性，而且事发时间为晚上。原告与被告王某林均为完全民事行为能力人，对该项活动有足够的认知和判断能力，其自愿参加具有一定风险的体育活动的行为属于自愿承担风险行为。事发后，被告王某林虽出具情况说明，但并不能以此认定被告王某林存在伤害原告的主观故意，原告也未提交其他证据证明被告王某林存在过错，故本院认定原告王某婉与被告王某林对原告的受伤均无过错。但考虑到原告确已受到损害，并产生损失，根据《侵权责任法》第 24 条的规定，法院酌定原告王某婉与被告王某林对原告的损失各自分担 50%。原告要求被告 W 学院对原告的损失承担补充赔偿责任，但其未能提交证据证明事发当晚的轮滑活动系被告 W 学院组织，被告 W 学院对此也予以否认，且庭审中被告王某林陈述社团组织活动的方式为自发组织，活动时间、地点为所有轮滑爱好者默认的，所有轮滑学习者均可参加。本院认为，被告 W 学院在本案中并未存在过错，故对原告要求被告 W 学院承担补充责任的诉讼请求，不予支持。

总结：社团活动并不是学校组织的活动，而是学生社团自发组织的，学校不存在过错，不应承担责任。原告与被告均为完全民事行为能力人，对轮滑活动的危险性有足够的认知和判断能力，进行轮滑活动属自愿承担风险行为。并无证据表明致害人对受害人有主观故意的伤害行为，故受害人与致害人各分担 50% 的责任。

【案例二】体育课上，学生在操场边休息时被足球击中左眼，导致眼睛受伤。

上诉人（原审原告）：夏某某。

法定代理人：夏甲（系夏某某之父）。

法定代理人：吴乙（系夏某某之母）。

被上诉人（原审被告）：上海市浦东新区 S 小学。

法定代表人：×××，校长。

夏某某系 S 小学学生。2013 年 4 月 22 日的体育课上，夏某某在操场边休息时被足球击中左眼，随后被体育老师安排送至学校医护室，次日又被家人送至医院检查。2014 年 5 月，在学校组织的体检中，夏某某被发现左眼视力下降，经上海儿童医学中心诊断，夏某某为黄斑裂孔。

二审法院认为，二审的争议焦点在于 S 小学是否应对夏某某的眼部受伤承担侵权责任。本案事发时夏某某尚未满 10 周岁，系无民事行为能力人。无民事行为能力人在学校学习、生活期间受到人身损害的，学校应当承担责任，但能够证明尽到教育、管理职责的，不承担责任。根据一、二审查明的事实，本案事出突然，系在正常教学活动中出现的突发事件，夏某某受伤后学校亦立即安排夏某某至医务室检查，且夏某某在事发次日去医院检查时亦未发现不妥。结合 S 小学在一、二审中提供的安全教育等证据，法院认为，S 小学在本次事件中已尽到教育、管理职责，无需对夏某某承担侵权责任。鉴于夏某某的受伤系参与正常教学活动中的意外事件，夏某某因眼部受伤产生的损失应由夏某某与 S 小学共同分担为宜，原审法院所做的判决并无不当，本院予以维持。夏某某要求 S 小学承担全部损失的上诉请求，缺乏事实和法律依据，不予支持。

学校不承担责任，受伤产生的损失由学校和受害人共同分担。

总结：本案事发突然，系在校学生在正常教学活动中出现的突发事件，学校在本次事件中已尽到教育、管理职责，学校不承担侵权责任。鉴于学生受伤是参与正常教学活动中的意外伤害，法院判定事故产生的损失应由学生和学校共同分担。这是一例典型的学校免责不免赔的法院判例。

【案例三】受害人经过羽毛球场时，被球拍击中脸部导致受伤。

原告：潘某，内蒙古 Y 大学学生，现住内蒙古鄂尔多斯市。

被告：王某淏，内蒙古 Y 大学学生。

原告、被告系内蒙古 Y 大学同届不同班的同学，均在一起上体育课。2016年12月5日上午，原告潘某在经过校园内的羽毛球场地时，被正在打球的被告王某淏向后挥动的羽毛球拍打到脸上，眼镜被打碎，致右侧眶下部外伤。经校医室处置后，原告随即去内蒙古Y大学附属医院就诊。经诊断，原告右侧眶下缘处可见有不规则横形创口，创缘不齐整，探查时创伤深达骨面，经手术缝合拆线，原告右侧眶下外伤皮肤呈不平整状。原告在治疗期间花去医疗费3797.87元。后支出鉴定费1500元。

法院认为，被告王某淏在羽毛球场地打球，不慎将原告潘某打伤，其应当预见到有行人经过的可能，但未尽到安全注意义务，存在过错，应当承担相应的责任。原告作为完全民事行为能力人，在从被告打球的场地经过时，应当知道羽毛球运动可能存在的危险，应当注意并避免伤害的发生，但原告没有尽到注意义务，致使自身遭受损害，存在过错，应当减轻被告的赔偿责任。本院根据被告的过错情况，酌情认定被告对原告的损伤承担40%的责任，受害人自行承担60%的责任。

总结：在本案中，伤害事故发生在学校正常组织的体育教学活动当中，学校管理方面没有过错，故学校不承担责任。被告在场地打球应当预见到有行人经过的可能，但未尽安全注意义务，存在过错。受害人作为完全民事行为能力人，应当知道经过羽毛球场地时的危险性，未尽到注意义务，存在过错。故法院判被告、原告共同承担责任。

【案例四】体育课堂上练习打羽毛球时，致害人扣杀羽毛球不慎打中受害人眼球，致其眼睛受伤。

原告：郑某豪，男，1993年4月5日生。

被告：华南L大学G学院。

法定代表人：黄某崧。

被告：朱某嵘，男，1993年6月17日生。

经审理查明，原告郑某豪与朱某嵘是同学关系，均在华南L大学G学院就读。2012年12月26日，原告与朱某嵘在体育课期间练习打羽毛球时，朱某嵘因扣杀羽毛球不慎打伤原告的左眼球，当时原告感觉疼痛并视力模糊，但一段时间后原告感觉视力恢复正常，疼痛减轻，因此原告当时并未去治疗。2013 年 1 月 1 日，原告因眼部疼痛加剧，到广州市中西医结合医院进行住院治疗。1 月 4 日，原告转到中山大学附属眼科医院继续治疗，医院诊断为左眼钝挫伤，前房积血（三级），外伤性虹膜睫状体炎，右眼屈光不正。医院对原告进行前房冲洗术，原告郑某豪于 2013 年 1 月 21 日出院。原告郑某豪于 2013 年 6 月 9 日委托中山大学法医鉴定中心对其受伤的情况进行伤残鉴定，中山大学法医鉴定中心于 2013 年 6 月 27 日出具（2013）临鉴字第 147403 号司法鉴定意见书，评定郑某豪左眼盲目 4 级，符合道路交通事故 8 级伤残。

本案的争议焦点为对于本案的事故两被告是否有过错。对此，原告郑某豪主张：其伤害是被告朱某嵘造成的且发生在其就读的华南 L 大学 G 学院上体育课期间，故其认为两被告应对其承担连带赔偿责任。被告华南 L 大学 G 学院主张：其已经尽到安全保障义务，羽毛球运动本身存在一定的危险性，原告本身有 400 度近视，参加该运动没有佩戴眼镜，且原告受伤后没有报告学校和到医院治疗，延误了治疗时间，有放任和扩大伤害损失的嫌疑，可见原告对自己的受伤存在过错，原告应承担相应的过错责任，华南 L 大学 G 学院对原告的受伤没有过错，不应承担赔偿责任。被告朱某嵘主张：第一，原告与其都是具有完全民事行为能力的成年人，应当预见到打羽毛球存在的危险性，其与原告打羽毛球时并未违反运动常规，对损害的发生没有过错与过失，因此不构成侵权，不应承担侵权赔偿责任；第二，原告本身有 400 度近视，打羽毛球时没有佩戴眼镜，导致事故的发生，过错在原告。事故发生后，被告朱某嵘及在场知情人询问原告是否需要治疗时，原告根据个人生活经验草率地做出无需治疗的决定，从而错过了最佳的治疗时间，原告的自身行为是本案事故中损害后果最终扩大的主要原因。因此，应由原告自行承担因其过错而产生的损害后果。

法院审理认为：第一，原告郑某豪与被告朱某嵘都是具有完全民事行为能力的成年人，应当预见到打羽毛球存在的危险性；第二，原告本身有400度近视，打羽毛球时没有佩戴眼镜，导致事故的发生，过错在原告；第三，原告受伤后，没有报告学校，亦没有及时治疗，过错在原告；第四，原告没有提供证据证明被告朱某嵘存在过错；第五，原告没有提供证据证明被告华南L大学G学院在管理上存在过错。故本院认定被告朱某嵘、被告华南L大学G学院对原告郑某豪的受伤不存在过错。因此，原告郑某豪要求被告华南L大学G学院、被告朱某嵘赔偿损失2222024.89元，本院不予支持。但原告郑某豪是于2012年12月26日与朱某嵘在体育课期间练习打羽毛球时被朱某嵘扣杀的羽毛球打伤左眼球，现经鉴定评定郑某豪左眼盲目4级，符合道路交通事故8级伤残。依据相关法律规定，受害人和行为人对损害的发生都没有过错的，可以根据实际情况，由双方分担损失。故被告朱某嵘应当给原告郑某豪适当的补偿，本院认为被告朱某嵘应给予原告40000元补偿为宜。另，原告郑某豪就读于华南L大学G学院，并于2012年12月26日在上体育课与朱某嵘打羽毛球时受伤，故被告华南L大学G学院应当给原告郑某豪适当的补偿，本院认为被告华南L大学G学院应给予原告20000元补偿为宜。

总结：这同样是一例典型的免责不免赔的法院判例。事故发生在学校正常组织的体育教学活动中，学校、体育教师在工作中没有管理方面的过失，学校不应承担侵权责任。被告朱某嵘进行正常的体育学习活动，对原告郑某豪的受伤不存在过错，也不应承担责任。原告郑某豪是具有完全民事行为能力的成年人，应当预见到打羽毛球存在的危险性，且原告存在明显过失，应该承担损害的后果。法院鉴于事故造成受伤学生较为严重的伤残后果，酌情被告朱某嵘给予原告40000元补偿，学校给予原告20000元补偿。

【案例五】课余休息时间，受害人到操场与他人自由组队进行足球比赛，比赛中双方肢体碰撞，导致腿部骨折受伤。

上诉人（原审原告）：王某飞，男，汉族，1987 年 7 月 16 日生，住广安市。

上诉人（原审被告）：王某慧，男，汉族，1986 年 3 月 5 日生，住北京市。

被上诉人（原审被告）：首都 S 大学，位于北京市。

法定代表人：宫某力，该大学校长。

一审法院认定事实：王某飞系首都 S 大学学生。2015 年 8 月 14 日下午，王某飞到学校东校区操场与他人自由组队进行足球比赛。比赛过程中，王某飞带球进入对方禁区，对方队员王某慧上前进行防守，王某飞在射门时双方肢体发生激烈碰撞，王某飞受伤倒地。王某飞受伤后，王某慧等人及时联系救护车将王某飞送往中国人民解放军海军总医院进行救治，王某慧支付医疗费用 940.41 元。经诊断，王某飞的伤情为：左侧胫腓骨骨折，左侧距腓前后韧带、胫距前韧带损伤。

一审法院认为，足球运动作为体育竞技项目，其具有激烈对抗性及人身危险性，运动中很可能会出现危险后果。本案中，王某飞作为成年人，在首都 S 大学东校区操场与他人自行参加分队足球比赛，其对参加比赛可能出现的身体对抗及人身伤害应有完全的预见性，王某飞受伤过程也是其在比赛中带球进攻与对其防守的王某慧发生身体碰撞，导致身体受伤，故王某飞应当承担相应的危险后果。王某飞主张其受伤系王某慧恶意侵害其身体造成，未提供充分证据，与查明事实不相符，法院不予采信。由于王某飞的损害结果属于足球比赛中合理运动伤害范围之内，而王某飞与王某慧对此损害均无过错，故王某飞主张王某慧对其受伤造成的损失承担全部赔偿责任之请求，于法无据，法院不予支持。首都 S 大学对校区操场的管理行为与王某飞在操场与他人进行足球比赛受伤并无直接因果关系，且首都 S 大学在此次事件中并无任何过错，故王某飞主张首都 S 大学与王某慧共同承担赔偿责任，于法无据，法院不予支持。

二审中，当事人没有提交新证据。法院经审理查明，一审法院查明的事实属实，本院予以确认。

二审法院认为，行为人因过错侵害他人民事权益，应当承担侵权责任。侵权责任成立应当符合以下要件：行为人实施了某一行为；行为人实施行为时有过错；受害人的民事权益受到损害；行为人的行为与受害人的损害之间有因果关系。上述四个要件同时具备，行为人应当承担侵权责任。本案中，根据王某飞、王某慧的陈述，以及双方的证人证言，能够确认的事实是，王某慧在进行防守抢断球过程中与王某飞发生身体碰撞，导致王某飞受伤。现王某飞的陈述及其提供的证人证言，均不能描述事件发生的细节，不能证明王某慧具有以侵害其身体为目的的行为。本案涉及的足球运动具有群体性、高强度对抗性及人身危险性，出现人身伤害事件属于正常现象，损害后果除行为人主观故意所致以外，一般应由受害人自行承担。因为参与者系自愿参加这种带有危险性的体育比赛，同时又对所参与项目的危险性具有充分的认识，应视为“同意风险自担”，因而只要行为人没有侵害受害人的故意，行为人对其引起损害的后果就没有过错，不承担侵权赔偿责任。王某飞作为完全民事行为能力人，自愿参加足球比赛，说明其对于这一比赛的危险性及可能产生的不利后果已经有了充分的认识。所以，在王某飞不能举证证明王某慧系恶意侵害其身体致其受伤的情况下，其要求王某慧承担侵权赔偿责任缺乏法律依据。由于一审法院已经认定王某慧在与王某飞相撞致王某飞受伤的过程中并无过错，而无过错即无责任，但一审法院依据公平原则判决王某慧分担王某飞受伤损失，适用法律不当。二审法院对王某慧上诉认为本案不应适用公平原则的上诉理由，予以采信；对于王某飞的上诉请求，不予支持。

总结：学校对校区操场的管理行为与王某飞在操场与他人进行足球比赛受伤并无直接因果关系，学校无管理方面过错，学校不承担责任。原告受害人不能举证证明致害人系恶意侵害致其受伤，所以致害人不承担侵权赔偿责任。法院不应将公平原则适用于日常体育活动的风险承担，否则将破坏侵权责任法已有的规则，产生另一种实质性的不公平。

【案例六】学生参加学生会组织的篮球比赛，比赛中受害人猝死。

上诉人（原审原告）：黄某全，男，汉族，住广东省深圳市宝安区。

上诉人（原审原告）：莫某燕，女，汉族，住广东省深圳市龙岗区。

被上诉人（原审被告）：深圳A职业技术学院。

法定代表人：刘某一，院长。

原审法院查明，黄某某于1994年7月11日生，系原告黄某全、莫某燕的儿子。2012年9月，黄某某进入被告机电工程学院新能源应用技术专业学习。2014年5月21日17：47分左右，黄某某在参加学生会组织的“专业杯”篮球比赛时突感不适，呼吸急促，在场同学随即拨打120急救电话，并前往附近的西丽人民医院新围社区健康服务中心求助。17：55分，被告校医张某接到求救电话。17：57分左右，新围社区健康服务中心的两名医生首先赶到现场展开急救，此时，黄某某无呼吸、无心跳、瞳孔散大，测不到血压，医生立即对黄某某进行强心扩管、升压、心肺复苏等急救措施。随后，被告校医张某赶到现场，与新围社区健康服务中心的两名医生一同对黄某某进行抢救。18：29分，120急救车到达现场。19：30分左右，黄某某经抢救无效死亡。2014年5月22日，深圳市公安局南山分局刑警大队出具《法医学死亡证明书》，记载黄某某死亡原因为猝死。

一审判决：学校不承担责任，鉴于死者黄某某系被告的学生，又是在学校内参加学生会组织的体育比赛中死亡，以及死者家属经济困难等原因，依照《民法通则》第5条、第106条、第132条和《民事诉讼法》第64条第1款的规定，判决如下：被告深圳A职业技术学院应在本判决生效之日起10日内给予原告黄某全、莫某燕经济帮助50000元。

二审法院查明，原审查明的事实清楚，予以确认。

二审法院认为，上诉人黄某全、莫某燕之子黄某某在参加被上诉人学生会组织的“专业杯”篮球比赛的过程中，于 2014 年 5 月 21 日 17：47 分左右突感不适，后经抢救无效死亡，该事实有《法医学死亡证明书》、火化证书、户口本、证人证言等证据予以证明，本院予以确认。双方二审争议的焦点是被上诉人深圳 A 职业技术学院对黄某某的死亡有无过错及是否应当承担赔偿责任。本院认为，首先，黄某某参加校学生会组织的专业之间的篮球比赛，在课外活动时间进行，与《广东省教育厅〈学生伤害事故处理办法〉实施细则》第 34 条规定的学校举行的“全校性的体育竞赛、军训分列式等大型活动”有一定的区别，学校虽然应当尽可能安排医护人员到场，但学校内医护人员配备有限，其未安排医护人员现场值班，尚不足以承担法律上的责任。其次，篮球运动是积极健康、有益身心的运动项目，篮球比赛虽有对抗性，运动员身体接触频繁易导致受伤，但不属于会对身体造成危害的风险较大的运动项目，上诉人要求学校在比赛前对学生进行身体检查没有依据，二审法院不予采信。再其次，黄某某生前身体健康，喜爱并经常参加篮球运动，对篮球比赛的运动强度、比赛风险均有清楚的认知，其主动参加比赛，表明其愿意自行接受和承担体育运动本身固有的风险，被上诉人对此并无过错。最后，黄某某死亡原因为猝死，未有证据表明其死亡与延迟救治存在因果关系。综上所述，上诉人黄某全和莫某燕的上诉理由不能成立，其上诉请求，二审法院不予支持。原审判决认定事实清楚，适用法律正确，依照《中华人民共和国民事诉讼法》第 170 条第 1 款第（一）项的规定，判决如下：

驳回上诉，维持原判。二审案件受理费 7041.17 元，由上诉人黄某全和莫某燕负担。本判决为终审判决。

总结：学校不承担责任，根据案件的实际情况，根据相应公平原则，被告给予原告适当的经济帮助。受害人黄某某自身应该对篮球比赛的运动强度及比赛风险有一定的认识，其主动参加比赛，表明其愿意自行接受和承担体育运动本身固有的风险，被上诉人对此并无过错。

【案例七】学生参加体育课羽毛球考试后发生猝死。

上诉人（原审原告）：臧某，男，汉族，1967 年 12 月 2 日生。

上诉人（原审原告）：闵某霞，女，汉族，1968 年 6 月 20 日生，农民。

被上诉人（原审被告）：J 警官学院。

法定代表人：尚某荣，J 警官学院院长。

被上诉人（原审被告）：南京 X 医院。

法定代表人：周某飞，南京 X 医院主任。

臧某、闵某霞之女臧某琛原为 J 警官学院 2013 级学生。2015 年 6 月 17 日 15 时许，臧某琛在 J 警官学院安德门校区体育馆内篮球场参加羽毛球考试后突然晕倒，周围学生拨打了 120 急救电话，后臧某琛的体育老师驾车至校医室接了校医前来抢救，校医来后不久，120 急救中心到场将臧某琛送至南京市第一医院急救，2016 年 6 月 17 日 17 时 09 分，南京市第一医院宣告臧某琛死亡，死亡原因为猝死。

关于 J 警官学院是否具有过错的问题。臧某琛在上体育课过程中晕倒并经抢救无效死亡，根据死亡证明书，其死亡原因为猝死；根据 J 警官学院提交的课程表、学校教学大纲等证据，学院在组织教学活动过程中并无违规行为，在臧某琛晕倒后，学院也不存在故意或过失拖延救治的情况，现臧某、闵某霞未能进一步举证证明 J 警官学院对臧某琛的死亡具有过错。

二审法院认为，当事人对自己提出的主张有责任提供证据。关于 J 警官学院的过错问题，臧某、闵某霞上诉主张 J 警官学院不顾天气炎热，超标准、超体力限度的体育活动是导致臧某琛昏厥的原因。根据 J 警官学院提交的课程表、学校教学大纲，事故当天的教学活动并无违规之处；臧某琛参加的羽毛球考核，采取分组两人比赛的方式进行，体能要求不高；并且 2015 年 6 月 17 日南京的天气状况为中到大雨，气温 19～23 ℃，气温适宜。因此，臧某、闵某霞上诉主张与事实不符，二审法院不予采信。

关于在臧某琛昏倒后体育教师的救助行为是否恰当的问题，综合本案证据来看，臧某琛在考核结束后突然昏倒，任课体育老师和现场的同学第一时间拨打了120急救电话，同时采取了掐人中、心肺复苏等急救措施，在没有明显效果的情况下，体育老师开车至校医室接校医到现场抢救，其目的是臧某琛能够得到校医更及时专业的急救。在当时事发突然，病情难以判断，应急措施又无明显效果的情况下，尽快接校医到现场进行专业急救具有合理性。综合以上因素，法院判学校不承担责任是合理的。

总结：学生在上体育课过程中晕倒并经抢救无效死亡，根据死亡证明书，其死亡原因为猝死。学校提交的课程表、学校教学大纲等证据表明，在组织教学活动过程中，学校并无违规行为。在学生突发事故后，学校也不存在故意或过失拖延救治的情况。学校不应承担责任。

【案例八】学生在午餐期间参加剧烈对抗性体育活动时发生猝死。

上诉人（原审原告）：欧阳某添，男，汉族，1965年10月16日出生，住佛山市。

上诉人（原审原告）：何某芬，女，汉族，1969年4月29日生，住佛山市。

被上诉人（原审被告）：N技师学院。

法定代表人：××洲。

该案发生在2013年，欧阳某某在N技师学院规定的中午用餐、休息时间从事剧烈的对抗性体育活动并发生了事故。根据我国《侵权责任法》第39条规定，是否尽到教育、管理职责是学校存在过错与否的判定标准。

关于N技师学院在本案事故中是否存在过错的问题。法院从事件发生的过程具体分析如下：首先，欧阳某某于事故发生时进行的剧烈运动是其与同学自发组织进行的，不属于学校组织的集体活动范围。其次，事故发生于N技师学院规定的午餐时间。在事故发生后，N 技师学院的教师陆某群及时拨打了 120 急救电话，并由校医对欧阳某某进行了心脏按压抢救。N 技师学院的工作人员在较短时间内即对欧阳某某进行了抢救并致电 120 急救中心，本案中亦没有证据显示 N 技师学院存在拖延抢救时间的情形。再其次，本案并没有证据显示 N 技师学院提供的教育、生活设施存在不符合标准或者具有安全隐患导致本案事故发生的情形。最后，佛山市第二人民医院诊断欧阳某某为猝死。本案事故发生后，没有对欧阳某某进行死因的司法鉴定，且本案中没有证据证明欧阳某某存在 N 技师学院知道或者应当知道的导致本案事故发生的明显疾病。综上，本案并没有任何证据显示 N 技师学院在涉案事故发生时存在过错，欧阳某添、何某芬主张其应承担赔偿责任，本院不予支持。

一审法院审理后认为，学校已尽安全管理职责，且在事故发生后救治及时，故学校不承担责任。最终判定 N 技师学院酌情对欧阳某添、何某芬补偿 50000 元人民币。

二审法院驳回 N 技师学院上诉，维持原判。

总结：事故发生时学生进行的剧烈运动是其与同学自发组织进行的，不属于学校组织的集体活动范围。事故发生后进行的救治措施得当，学校的体育设施不存在不符合标准或者具有安全隐患的情形，没有证据证明学校教师知道发生事故的学生有明显疾病的情况。因此，学校不承担责任，对受害者做出补偿。

【案例九】体育课上学生慢跑 400 米时发生猝死。

原告：郝某，男，死者郝某某之父。

原告：张某，女，死者郝某某之母。

被告：某市某镇 W 中学。

法定代表人：钱某，校长。

郝某某是某中学初二级（10）班的学生。2002 年 11 月 1 日下午 3 时 55 分，该校初二（10）班全体同学在校内的操场上体育课。上课后，体育教师王老师首先安排该班全体同学进行热身运动，接着进行了投掷实心球练习，之后又安排全体同学在运动场跑道上进行“蛙跳练习”。下课前，王老师要求男生、女生分别在1分30秒、1分45秒内绕运动场跑道完成400米跑。训练时，王老师将男、女学生分成两组，男生组跑完400米后，再轮到女生组进行400米跑。在女生组进行400米跑步训练的过程中，郝某某跑在最后，跑了约200米的距离时，郝某某感到身体不适并摔倒在地。她站起身来又继续跑了几步后，突然昏倒在跑道左边的草地上。跑在郝某某前面的一位女同学见状，立即回跑到郝某某身边想将她扶起，但扶不起来。站在跑道终点的王老师见状马上跑来将郝某某扶转身过来，为郝某某采取按压人中穴、心脏等急救措施。从训练场上闻讯赶到现场的W中学陈某（该校的教学主任）立即用手机通知校医邓某前来参与抢救，并拨打了120急救电话。邓某在接到通知后立即带着应急药品赶到现场，当即原地为郝某某进行检查，紧接着为她采取按人中穴、人工呼吸和心脏按压术等急救措施。过了约5分钟，郝某某仍未苏醒，此时救护车还未赶到事故现场，于是陈某、邓某、王某及学校实验员陈某四人利用校车迅速将郝某某送至本市中西医结合医院抢救，但郝某某经医生抢救无效死亡。2002年11月21日，经该市公安局委托某医学院法医鉴定中心对郝某某死亡原因鉴定为生前患有轻度心肌炎、肺水肿等疾病，为心脏性猝死。另外，郝某某的父母认为郝某某平常的身体状况是健康的，故他们从来没有要求学校特殊照顾郝某某。

原审判决认为，体育老师王某安排该班全体同学进行400米跑训练，要求全体女生在1分45秒内完成，没有超出体育教学大纲的要求，不属于对学生进行体罚。郝某某生前患有轻度心肌炎、肺水肿等疾病，郝某某属心脏性猝死，且W中学对郝某某患有上述疾病是不知情的。在事故发生后，W中学履行了组织有关人员对郝某某进行现场急救并及时将她送到医院抢救的相应职责。综上所述，W中学在本事故中没有过错。本事故损害赔偿的归责原则应适用过错责任原则，因W中学在本案中没有过错，并且其教育教学行为与郝某某的死亡不具有因果关系，所以W中学依法不应承担民事赔偿责任。郝某、张某提出的诉讼请求，理由不成立，不予支持。W 中学表示不追还其已预支给郝某、张某的费用 9500 元，并自愿在判决发生法律效力的当天再给予郝某、张某经济帮助 20000 元，是其自愿表示，符合自愿、合法原则，应予准许。

法院宣判后，郝某、张某不服，向法院提起上诉称：

（1）判决认定 W 中学在郝某某死亡事故中无过错及无因果关系是错误的。首先，郝某某是在 W 中学组织的教学活动（体育课）中因跌倒而死亡的，与 W 中学的教学行为有直接的因果关系。其次，根据公安机关对宋某、汤某、霍某等学生的询问笔录证实，导致郝某某死亡的 400 米跑是 W 中学的任课老师对学生进行的体罚。在庭审中，W 中学也承认其任课老师因对当堂课学生的成绩和态度不满意而体罚学生的事实，但原审法院对此事实不认定。最后，根据学生的证言及 W 中学教学主任陈某的证言，事发当天因操场上同时进行学校仪仗队训练，导致任课老师不能履行充分注意学生动态的义务。被上诉人当天的教学秩序混乱，存在过错，原审判决对此却不予认定。

（2）判决适用法律不当。首先，由于原审法院在认定被上诉人有无过错的事实方面是错误的，导致适用法律错误。W 中学的任课老师体罚学生，应适用《学生伤害事故处理办法》第 9 条的规定，判令该中学承担民事责任。其次，作为学校，每个学期都组织学生进行体检，该中学对学生的特异体质及疾病是知道的，适用《学生伤害事故处理办法》第 10 条第 3 款是错误的。况且郝某某的死亡并非因其特异体质或疾病所致。

（3）一审判决不以事实和法律为依据，而偏向 W 中学方，是不公正、不公平的。首先，在举证、质证方面，对郝某、张某提出的体罚及教学秩序混乱这两个内容没有提及，对 W 中学方面提出的无过错方面及履行职责方面反而详加表述。同时，对 W 中学提供的一份其真实性无法认定并与本案无关的“教学计划”却予以认定。其次，既然认定 W 中学无过错，不承担民事责任，并驳回郝某、张某的诉讼请求，却判决 W 中学在判决书生效后进行经济帮助，是程序上的错误。因为双方并没有就赔偿或经济帮助方面达成调解意见，该判决是自相矛盾的。

基于上述理由，郝某、张某请求法院依法撤销原判，重新做出公正的判决。

被上诉人 W 中学答辩认为：

（1）依据法医鉴定报告，郝某某的死亡系因其特异体质所致。

（2）任课老师王某的教学行为并不属于体罚。判断该教学行为是否属于体罚，应当从教学行为的内容、后果来看。如果是体罚，郝某某的体质又正常，则应当有许多学生出现不良后果。据当时的学生反映，当堂课的体育教学活动强度一般。

（3）任课老师王某的体育教学活动和当时学校仪仗队活动的影响之间并没有直接的关联性，不能说明当堂课的教学秩序混乱。

（4）郝某某的摔倒行为与仪仗队的活动是否挡住任课老师王某的视线无关，老师是否看到学生摔倒并不能说明其过错。体育教学活动中有学生摔倒是正常的，将体育活动中学生的摔倒行为归因于被上诉人的教学行为是不当的。此外，学生摔倒后能否继续活动，取决于其自身的判断，其是否能继续进行体育活动应当自己向老师反映，老师只能依常理进行判断。

（5）公安机关对学生进行询问时，学生都证明老师并未离场。郝某某从跌倒到爬起，过程很短，老师只能依常理进行判断。

上诉人郝某、张某在二审诉讼期间未向本院提供新的证据。

经审查，上诉人对原判判决确认的事实没有异议，法院予以确认。

二审审判法院认为，郝某某的死亡原因主要是由于其特异体质，与学校的体育教学活动并没有直接的因果关系，对于郝某某的死亡，被上诉人 W 中学不具有过错，加上学校事后已经为郝某某的死亡实际支付了 9500 元，并在一审过程中表示自愿给予上诉人 20000 元作为经济帮助，其已尽到了应尽的相应职责。学校不承担责任，根据公平原则，学校对受害人进行适当补偿。

总结：根据九年制义务教育全日制初级中学《体育教学大纲》，对初二年级的女生来说，在 1 分 45 秒内跑完 400 米是没有超出大纲要求的。因此，体育老师王某要求全体女生在 1 分 45 秒内跑完 400 米属于正常的体育教学行为，不属于对学生进行体罚。本案中学校教师不知道该学生有特异体质，体育教学行为也无不当之处，且经法医诊断郝某某的死亡原因主要是由于其特异体质。学生的死亡和体育教学行为之间无直接的因果关系，学校不具有过错，不应承担过错责任。

三、人民法院民事判决书案例分析

山东省梁山县人民法院民事判决书[①]

（2017）鲁 0832 民初 1500 号

原告：刘某路，男，汉族，1970 年 11 月生，居民，住梁山县。

原告：李某香，女，汉族，1975 年 2 月生，居民，住梁山县。

委托代理人（特别授权）：翟某现，山东 J 律师事务所律师。

委托代理人（特别授权）：张某鲁，山东 J 律师事务所律师。

被告：梁山县 D 中学。

法定代表人：曹某明，校长。

委托代理人（特别授权）：丁某善，梁山 G 法律服务所法律服务工作者。

原告刘某路、李某香诉被告梁山县 D 中学教育机构责任纠纷一案，本院于 2017 年 3 月 6 日立案后，依法适用简易程序，公开开庭进行了审理。原告刘某路及原告刘某路、李某香的委托代理

① 中国裁判文书网：http://wenshu. court. gov. cn.

人翟某现，被告梁山县 D 中学的委托代理人丁某善到庭参加诉讼。本案现已审理终结。

原告刘某路、李某香向本院提出诉讼请求：(1) 判令被告梁山县 D 中学赔偿原告死亡赔偿金、丧葬费及精神损害抚慰金共计 770000 元。(2) 诉讼费用由被告承担。事实和理由：二原告之子刘某为被告高一年级在校学生。2017 年 2 月 20 日下午 3 时许，刘某在被告学校上体育课时突然摔倒，由于被告学校抢救不及时造成猝死。被告作为在校学生的教育、管理和保护者，未尽到合理安全管理防范职责，致二原告未成年的孩子死亡，应当承担事故的全部责任，此次事故的发生，给二原告带来了巨大的精神创伤。

被告梁山县 D 中学辩称：(1) 原告诉状中的事实和理由不符合客观实际，本案事故的发生系涉案学生因其自身身体原因造成，且事故发生后被告已及时进行了报案，已查明事故的成因与被告无关，也及时拨打了 120 进行施救，所以涉案事故的发生与被告不具有关联性，对于涉案事故，原告诉求的各项损失及数额，被告不应承担责任。(2) 涉案事故发生地/场所系学校操场，被告学校的体育设施完备，完全符合相关规定，学校在涉案事故中不存在管理和教育缺陷。根据教育部的相关规定，学生的法定监护人对于学生有特定疾病应当向学校明确告知，再根据《学生伤害事故处理办法》第 12 条第 3 款规定，学生有特异体质、特定疾病或者异常心理状态，学校不知道或者难于知道的情形造成的学生伤害事故，学校已履行了相应职责，行为并无不当的，无法律责任。(3) 涉案事故发生后，被告已根据实际情况及时采取相应措施对学生进行了施救，也没有导致不良后果加重，学校已履行了自己的义务和责任，涉案事故的发生被告在主观和客观上均没有过错。(4) 被告已为涉案学生投保了校方责任险，并在保险项目中附加了精神损害和校方无过失责任险保障项目，涉案事故属于校方责任险保险事故，根据《保险法》第 65 条，可以依照法律的规定或者合同的约定，直接向第三者赔偿保险金。所以，原告为了便于得到赔偿，应把承保校方责任险的保险公司列为被告。综上，被告在教育管理中和教学行为实施中并未发生对涉案学生的侵权行为，涉案学生事故的发生也未在校园内受到他人的侵害，所以涉案事故中对于涉案学生的损害不适用被告承担校方责任的情形。如原告方不把承保校方责任险保险的保险公司列为被告或第三人参加诉讼，因涉案事故的发生与被告不具有关联性，被告不是适格的诉讼主体，请求法院依法驳回原告对被告的诉讼请求。

原告为支持其主张，提交以下证据：（1）户口簿首页、常住人口登记卡索引表、常住人口登记卡、身份证原件各 1 份。证明原告的主体资格，以及原告之子刘某的出生日期为 2000 年 11 月 17 日，为限制行为能力人。（2）梁山县公安局凤凰山派出所制作的询问笔录复印件 4 份，原件保存在凤凰山派出所。证明 2017 年 2 月 20 日下午 3 时许，二原告之子刘某在被告学校上体育课期间突然摔倒猝死的事实，还能证明刘某系被告学校的高一在校学生，平时身体很健康。（3）被告出具的事发现场录像资料 1 份。证明二原告之子刘某在被告学校摔倒猝死的事实，以及被告学校在该事件中存在有多处过错，应当承担全部赔偿责任。主要过错表现在：① 事故发生时，被告学校为五个班级的同学同时上体育课，而只有一个老师教学，明显照看不周，对学生疏于管理，没有尽到合理的教育和管理职责；② 从监控录像可以看出，学生在上体育课的前期准备活动做得不到位，在操场的学生都像“赶集”一样处于非常懒散的散步状态，没有对身体各部位进行全面的预热动作就突然进行体育运动是刘某发生猝死的主要原因；③ 事故发生后，被告学校的体育老师没有及时进行抢救，在视频资料的 15：16：01，体育老师出现在操场南门，拿着手机低着头，边玩手机边溜达到校园门口警务室，走出视频镜头的时间是 15：17：15，几十米的路程走了一分多钟，120 赶到后，体育老师也未及时跟上进行接应，从 15：19：03 出警务室到 15：20：05 才走到 120 附近，又是慢悠悠走了一分多钟，对倒在身后的学生不管不问，没有表现出应有的紧迫感，对生命不尊重；④ 从监控录像还可以看出，被告学校在二原告之子刘某于15：08：50倒地后并未及时报警和拨打120进行抢救，从梁山县医院到学校的距离仅为1公里，而监控录像显示从事故发生到120到达校园的时间15：19：00，这中间时间足足有11分钟之久，被告学校的未及时抢救行为延误了病情，并最终导致学生死亡的重大事故。（4）梁山县人民医院出具的《居民死亡医学证明书》原件1份。证明二原告之子刘某死亡的原因为猝死，发病到死亡的时间间隔为0小时，说明被告未尽到合理的管理防范职责，刘某没有得到及时救治。（5）被告出具的刘某猝死之前的体检报告单1份。证明二原告之子刘某在事故发生前，身体正常，非常健康。（6）山东梁山机械厂出具的证明原件1份。证明原告刘某路系山东梁山机械厂的下岗职工，生活困难，因其儿子刘某的死亡，中年丧子，给原告带来巨大的精神创伤，原告主张的精神抚慰金，依法应当得到支持。（7）梁山县人民医院出具的医疗费票据2张。证明原告支出医疗费及停尸费共计1379元，其中停尸费1000元。要求被告赔偿：① 死亡赔偿金：按照2016年山东省城镇居民年人均可支配收入34012元计算，死亡赔偿金为34012元/年×20年=680240元；② 丧葬费：按照2015年城镇单位在岗职工年平均工资59639元计算，丧葬费为59639元/年÷12个月×6个月=29819.5元；③ 停尸费及医疗费：1379元；④ 精神损害抚慰金：60000元，请法庭酌情认定。以上共计771438.5元。

经质证，被告认为，对证据（1）的真实性无异议。对证据（2）的真实性无异议，该证据只能证实涉案学生在被告学校上体育课间猝死的事实，不能证明涉案学生死亡的真正原因，也不能证明涉案学生身体本身不存在其他的猝死诱因。通过该证据可以证实，涉案学生是在趴在地上后嘴吐白沫、四肢抽搐，还可以证明被告学校的老师已及时拨打了120，120急救车是在六七分钟后便及时赶到了事故现场。上体育课时，负责监管的体育老师已经安排学生慢跑了一圈，进行了热身，涉案学生也并不是在激烈的体育活动中发生的事故，而是在慢走过程中发生的事故。对证据（3）的真实性无异议，但不能证明学生在上体育课前期准备活动不到位，因涉案学生系高一学生，对于体育活动本身对身体带来的不良状况应予知情，达不到原告想要证明的体育活动前未进行预热就突然进行体育活动是发生猝死的主要原因之一，被告学校的体育老师在视频中拨打手机的行为并不能证明是对倒地的学生不管不问，拨打手机的行为也可能是在对倒地的学生进行电话施救，120 急救车到达学校事发地点的时间并不能证明被告学校未及时拨打 120 施救，该证据不能证明原告的观点。对证据（4）的真实性无异议，通过该证据可以证实涉案学生的死亡原因系猝死，同时可以证明其猝死与本身潜在的疾病有关联性，还可以证实发病到死亡的时间间隔为 0 小时，涉案学生的猝死与学校的管理和体育课的锻炼不存在关联性。其死亡真正的原因被告并不能左右。对证据（5）的真实性无异议，该证据中所涉及的检查事项并不能否定其猝死的原因与本身的疾病有关联性。对证据（6）的真实性及证明目的有异议，该证据即使能证明原告刘某路下岗，但不能真实地反映出原告刘某路家庭的真正经济状况。该证据不能作为要求精神损害赔偿的证据，且精神损害赔偿不适合本案案由。对证据（7）门诊收费票据真实性无异议，对于停尸费没有证据予以证实，不能证明其真实性。鉴于原告要求被告承担全部的赔偿责任，被告学校对于涉案学生猝死的原因与体育活动中摔倒形成的外伤关联度要求保留申请鉴定的权利。对于赔偿清单中死亡赔偿金应按照 2015 年山东省城镇居民年人均可支配收入标准计算，2016 年相应的标准还没有正式实施。丧葬费也应按照 2015 年度国有单位职工年平均工资进行计算，丧葬费为 26230 元。停尸费没有票据，不予认可。精神抚慰金 60000 元不予认可，不适合本案案由，不属于该案赔偿的范围。

为支持其主张，被告提交校方责任保险 1 份，证明涉案学生的人身损害属于校方责任保险事故，原告方应把承保保险公司列为被告或第三人参加诉讼。同时可以证明，在该份保险项目中学校增加投保了精神损害和校方无过失责任险。

经质证，原告认为，对该证据真实性无异议，该证据是保险合同纠纷相关证据，与本案案由不属于同一法律关系。

经审查，原、被告提交的证据，来源合法、客观真实，与本案具有关联性，符合有关法律规定，本院依法予以采信。

由以上当事人提交的证据及庭审陈述可以认定以下事实，二原告之子刘某为被告高一年级在校学生。2017年2月20日下午3时许，刘某在被告学校上体育课时突然摔倒，被送入梁山县人民医院抢救，花费医疗费379.4元。同日，梁山县人民医院出具《居民死亡医学证明书》，证明刘某死亡原因为猝死，发病到死亡的时间间隔为0小时。被告出具的刘某体检报告单显示刘某身体健康。庭审中，被告认可学校没有配备医务室及临时的医务人员。

本院认为，二原告之子刘某在被告处就读期间，上体育课时摔倒猝死。被告疏于管理，未严格按照相关规定配备医务人员，事发后未能在第一时间组织医护人员对刘某进行科学合理的抢救，存在过错，应根据其过错程度承担相应的赔偿责任，且被告提交的证据不能证明二原告之子刘某存在特定疾病，被告承担赔偿责任的比例酌定为60%。根据2017年2月28日山东省统计局发布的《2016年山东省国民经济和社会发展统计公报》显示，2016年山东省城镇居民年人均可支配收入为34012元。二原告因刘某死亡造成的损失为：死亡赔偿金680240元（按2016年山东省城镇居民年人均可支配收入34012元计算，34012元/年×20年=680240元）、丧葬费29098.5元（按2015年山东省城镇非私营单位在岗职工年平均工资58197元计算，58197元/年÷12个月×6个月=29098.5元）、医疗费379.4元，合计709717.9元，被告应赔偿数额为425830.74元（709717.9元×60%）。二原告因刘某死亡造成了极大的精神痛苦，酌定被告赔偿二原告精神损害抚慰金20000元。综上，被告应赔偿二原告因刘某死亡造成的损失为445830.74元（425830.74元+20000元）。被告虽已投保校（园）

方责任保险，主张二原告应向投保保险公司主张权利，被告不应承担责任，因二原告以被告存在过错为由向被告主张权利，案由为教育机构责任纠纷，与被告辩称的保险合同纠纷不属同一法律关系，被告的该辩解理由本院不予支持。依照《侵权责任法》第2条、第16条、第18条、第26条、第39条，《最高人民法院关于确定民事侵权精神损害赔偿责任若干问题的解释》第8条、第9条、第10条，《最高人民法院关于审理人身损害赔偿案件适用法律若干问题的解释》第7条、第17条、第18条、第27条、第29条的规定，判决如下：

（1）被告梁山县D中学于判决生效之日起10日内赔偿原告刘某路、李某香损失445830.74元。

（2）驳回原告的其他诉讼请求。

如果未按本判决指定的期间履行给付金钱义务，应当依照《中华人民共和国民事诉讼法》第253条的规定，加倍支付迟延履行期间的债务利息。

案件受理费5750元，由原告刘某路、李某香负担2421元，被告梁山县D中学负担3329元。

如不服本判决，可以在判决书送达之日起15日内，向本院递交上诉状，并按对方当事人的人数或者代表人的人数提出副本，上诉于山东省济宁市中级人民法院。

2017年4月17日

总结：我们在“中国裁判文书网”上搜索在校学生因运动猝死的案例，选取其中有代表性的一例展现给大家。通过当事各方不同的司法诉求和主张，我们可以清晰地了解到校园体育人身伤害事故的司法处置过程，以及法院在责任归属判定时所选用的法律依据。通过案例，广大学生和家长、学校、体育教师都可以明白自身在学校体育活动中需要切实履行的责任和应该注意的义务，为有效预防和及时消除校园体育人身伤害事故的纠纷提供可参考的依据，这也正是本书研究的根本目的。

本章小结

本章在深入分析我国校园体育人身伤害事故处置的法律依据及归责问题的基础上，结合我国法治建设的实际，从社会实践层面进一步分析我国校园体育人身伤害事故有效解决的法律机制、赔偿机制、保险机制和救济机制等重要问题，并结合典型案例进行实证分析，为妥善解决我国校园体育人身伤害事故提供法理依据和实践思路。

研究认为：我国校园体育人身伤害事故的应对机制主要包括风险管理机制、法律机制、赔偿机制、保险机制和救济机制等。通过法律机制解决运动伤害纠纷是体育活动法治化进程的重要标志，法律机制是一种高效解决校园体育人身伤害事故纠纷的方法。但我国校园体育人身伤害事故有效处置的法律机制还存在许多不足之处，亟需从法律建设和司法实践等方面着力建设和完善。在我国许多校园体育伤害司法案例判决中，学校往往处于赔偿地位，免责不免赔的现象较为严重。目前，关于我国校园体育人身伤害事故赔偿方面的法律建设相对滞后，涉及伤害事故赔偿的法律条款也一直缺失，校园体育人身伤害事故赔偿法律体系在处罚程度及针对性等方面有待完善。完善校园人身伤害事故法律体系，建立健全校园人身伤害事故赔偿机制，是妥善处置我国校园体育人身伤害事故的重要手段。要改变以往不合理的司法审判惯例，学校无过错责任的无需承担学生体育伤害损失的赔偿责任，仅按事故伤害程度进行适当的人道主义补偿，切实保障学校体育教育活动的正常开展。借鉴国外经验，解决我国校园体育人身伤害事故的根本出路在于赔偿责任社会化。借助保险分担学生伤害事故风险和分摊学生伤害事故损失，转移学校事故赔偿责任，已成为国内外应对校园学生伤害事故的重要措施。拓宽校园体育人身伤害事故的赔偿途径，探索建立校园学生人身伤害赔偿基金或校园体育人身伤害事故互助基金，是学校解决赔偿经费的又一渠道。

近年来，我国的教育保险发展势头良好，保险的深度和广度在不断扩大，教育保险产品已达到100多个品种。但与发达国家相比，我国保险业在诸多方面还存在明显差距，许多领域的保险仍然处于起步阶段，主要表现在保险行业费率高、险种单一、条款灵活性不够、供需矛盾突出、部分从业者契约精神欠缺、客户理赔困难时有发生、体育保险业人才匮乏、国民保险意识薄弱等。在我国体育保险领域，大众体育保险和学校体育保险的发展更为薄弱。我国学生体育保险尚不完善，在学校购买体育意外伤害保险的大多是代表学校参加比赛的学生运动员，普通学生的日常体育活动未能纳入体育保险的范畴。日本学校体育保险的成功经验值得我们借鉴，要提高学校、学生及学生家长的保险意识，大力发展体育保险中介。要逐步完善保险法律法规，探索建立学校体育强制保险模式，以及学生互助型保险体系，建立政府、学校、学生家庭三方联合承保机制，推动建立政府、社会、学校、市场、家庭等共同参与的多元化风险分担机制。我国尚未建立学生意外伤害的仲裁机制，校园体育人身伤害事故法律救济制度不够健全，相关的法律制度不够明确，校园体育人身伤害事故采用和解或内部调解居多，司法诉讼较少。司法诉讼是一种高效解决校园体育人身伤害事故纠纷的方法，要建立校园体育人身伤害事故妥善处置的内外结合的多元化救济机制。

总之，校园体育运动中发生人身伤害事故不可避免，事故原因也复杂多样，运用法律手段妥善处理事故，是解决事故纠纷的主要途径。笔者建议国家针对校园体育人身伤害事故出台有关司法解释，对责任划分及后续赔偿等敏感问题做出明确的规定，以利于妥善解决包括体育在内的校园人身伤害事故。我国现有法律对校园人身伤害事故相关问题的规定不甚明确，对于那些较为严重的校园体育人身伤害事故纠纷，由于受到人们对相关问题认识偏差的影响，在法律适用方面存在滥用现象，在依法审理校园体育人身伤害事故案件时也出现一些有违法治精神原则的判决。因此，妥善解决校园体育人身伤害事故，关键在于各级法院、法官对现行法律、法规归责原则的准确理解和把握，减少对“公平责任原则”的过度使用；关键在于当事各方能合理、合法地表达自己的诉求；关键在于校园体育人身伤害事故的风险管理机制、法律机制、赔偿机制、保险机制及救济机制的建立和完善。在法治建设的背景下，要赋予《学生伤害事故处理办法》更高的法律地位，将其作为依法处置校园体育人身伤害事故的重要依据。

本研究选取近些年校园体育人身伤害事故的典型司法案例进行了实证分析，分别梳理了学校应该承担责任和学校不承担责任的情况，分析了法院在案件审理过程中当事各方不同的司法诉求和主张，使人们可以清晰地了解到在校园体育人身伤害事故的司法处置过程中，以及法院在责任归属判定时所选用的法律依据。最后以中国裁判文书网中一份人民法院民事判决书为例，展现了案件详细的审判过程，使广大学生和家长、学校、体育教师都可以明白自身在学校体育活动中需要切实履行的责任和应该注意的义务，为有效预防和减少校园体育人身伤害事故的纠纷提供参考，从而达到本研究的目的。

第八章　我国应对校园体育人身伤害事故的策略

截至2018年，我国各级各类在校学生数量（不含幼儿园）有近3亿人。由于20世纪60年代国家开始实施计划生育政策，造成了现阶段在校学生绝大多数是独生子女。每一个独生子女身上不仅承载着中国传统的家庭亲情之重，而且还承载着维系社会代际传承与发展的重要社会责任。因此，学生的安全问题涉及千家万户，事关每个家庭幸福，历来都受到党和国家的高度重视。我国各级政府和教育行政部门始终都将学生安全、校园安宁视为教育事业发展最根本的条件。但近年来，学生意外事故频频发生，在成为社会热点问题的同时也是困扰我国教育事业发展的一大顽疾。近年来，在学校体育活动中发生的体育人身伤害事故引发的法律纠纷与日俱增，不仅给学生及其家长带来了忧虑，也给教育行政部门、学校尤其是广大一线体育教师造成不安，它所带来的负面影响已经超出了学校教育的范围，演变成了一个社会性问题。预防和管理校园体育人身伤害事故风险，妥善解决校园体育人身伤害事故，需要国家立法、政府主导、社会参与、学校和家庭持续发力和作为，共同构建学生安全、校园安宁的学习生活环境。

第一节　国家层面应对校园体育人身伤害事故的策略

一、推动学校安全法律制度建设，依法裁判学校安全事故侵权责任

国家要积极推动学校安全法律制度建设，鼓励各地制定学校

安全方面的地方性法规。要完善学校安全事故预防与处理机制，形成依法依规、客观公正、多元参与、部门协作的工作格局，为学校办学安全托底，保护学生生命安全。2019年，教育部、最高人民法院、最高人民检察院、公安部、司法部五个部门联合印发了《关于完善安全事故处理机制　维护学校教育教学秩序的意见》（简称《意见》）。该《意见》从健全学校安全事故的预防与处置机制、依法处理学校安全事故纠纷、及时处置依法打击“校闹”行为、建立多部门协调配合工作机制等方面，构建了治理“校闹”制度体系，为学校安心办学撑起保护网。为了切实加强学校安全防范工作，教育部向各地教育行政部门和学校明确提出，要继续高度重视学校安全工作，切实采取有效措施，防止学校安全事故发生。要依法裁定校园安全事故侵权责任，明确划分责任，对学校已经依法履行教育、管理职责，行为无过错的，应当判定学校不承担责任。在伤害事故诉讼调解、审判过程中，要切实保护当事各方权利，杜绝片面加重学校赔偿责任的情形。要坚守法律底线，依据事故发生的客观事实，依法明确各方责任，学校不得不顾法律原则“花钱买平安”。各级法院在审理伤害案件中要坚决避免超越法定责任边界，片面加重学校的责任和负担。公安机关要及时制止“校闹”行为，依法惩处“校闹”人员。可以通过联合惩戒机制，对实施“校闹”、聚众扰乱校园秩序的人员实施惩戒，严厉打击涉及“校闹”的犯罪行为。①

二、完善的法律体系是解决我国校园体育人身伤害事故的根本保证

运用法律手段解决校园体育纠纷可以促进体育活动的法治化进程，法律机制是一种高效解决校园体育人身伤害事故纠纷的方法。目前，我国还没有直接规范校园体育人身伤害事故的法律法

① 中华人民共和国教育部、最高人民法院、最高人民检察院、公安部、司法部. 关于完善安全事故处理机制　维护学校教育教学秩序的意见：教政法［2019］11号［EB/OL］.（2019-08-20）. http://www.gov.cn/xinwen/2019-08/20/content_5422758.htm.

规，校园体育伤害事故在司法实践领域中的矛盾也日益突出。各级法院在司法审判中大多是根据我国《民法通则》和《侵权责任法》中为数不多的几条法律来处理伤害事故的。但这些法律在处置校园体育人身伤害事故方面的指向性不强，导致在认定校园体育人身伤害事故的责任和确定赔偿金额时存在一定的随意性。我国现有的法律是完全可以解决那些较为严重的校园体育人身伤害事故纠纷的，只是在过去一段时间内，由于受到人们对相关问题认识偏差的影响，在法律适用方面也存在滥用现象，在依法审理校园体育人身伤害事故案件时会出现一些有违法治原则的判决，如 2018 年上海学生足球课上受伤一案。因此，完善的法律法规是解决我国校园体育人身伤害事故的根本保证。

妥善解决我国校园体育人身伤害事故，关键在于各级法院、法官对现行法律法规归责原则的准确理解和把握，减少对“公平责任原则”的过度使用；关键在于当事各方能合理、合法地表达自己的诉求；关键在于校园体育人身伤害事故的风险管理机制、法律机制、赔偿机制、保险机制及救济机制的建立和完善。在法治建设的背景下，要赋予《学生伤害事故处理办法》更高的法律地位，将其作为依法处置校园体育人身伤害事故的重要依据。当前，我国校园体育人身伤害事故有效处置的法律机制还存在许多不足之处，亟需从法律法规和司法实践等方面着力进行建设和完善。我国校园体育人身伤害事故处置存在的问题与瓶颈在于责任归属存争议、伤害事故的保障体系建设滞后，以及伤害事故的损害赔偿不清晰三个主要方面。当发生校园体育人身伤害事故时，对责任归属的判断成为事故处置的前提和重要环节，而且也是处置事故的核心问题和主要难题。同时，如何将责任意识与保险机制有机统一，是未来学校妥善处置伤害事故的重要抓手。此外，在校园体育人身伤害事故处理过程中，各级法院要把握依法定责和以人为本之间的关系。这就是要结合我国不同地区经济社会发展的实际情况，针对事故给受害人造成的损害严重程度，要以人为本地确定补偿额度，只有这样才能妥善处理好学校体育伤害事故。在国家法律框架下，因地制宜建立适合我国各地区处理校园体育人身伤害事故的地方性法规，是妥善处置校园体育人身伤害事故的重要补充。

三、加快完善学校体育保险制度，创立学校体育保险基金

在发达国家，体育保险是体育产业的重要组成部分，其学校体育保险的繁荣发展得益于完备的法律法规体系。健全的法律法规可以在制度上确保体育保险业的健康发展，也可以有效地保护校园体育活动中学生、教师及学校在人身意外伤害事故中的合法权益。因此，当务之急是要加快完善学校体育保险制度，从法律法规层面对学校保险问题予以明确，使我国学校体育保险逐步向法制化、规范化方向发展。要提高学校、学生及学生家长的保险意识，大力发展体育保险中介，逐步完善保险法律法规，探索建立学校体育强制保险模式及学生互助型保险体系，建立政府、学校、学生家庭三方联合的承保机制。探索在学校设立体育运动伤害专项基金，用于因侵害人无力赔偿或因意外伤害事件对受害人损失进行救济补偿。学校应在教育主管部门的指导下与相关部门协调，资金可由国家、学校和家庭共同出资，同时鼓励社会力量积极参与捐赠资金。学校体育保险基金的设立，不仅可以减少校方不必要的经济支出，还可以对受害学生增加一定的经济救助。此外，保险监管部门要鼓励和引导保险公司不断完善校园伤害事故保险产品体系，加强对经营校方责任险的保险机构的市场行为的监管力度，探索建立校方责任险纠纷的协调解决机制。在校园体育人身伤害事故发生后，保险公司要及时处理校方责任险理赔工作，为事故各方提供优质的理赔服务。

四、完善我国校园体育人身伤害事故的赔偿和救济制度，拓宽事故的处置渠道

要立足我国实际并借鉴国外经验，进一步完善我国校园体育人身伤害事故的赔偿和救济制度，建立赔偿侵权主体责任、社会保险和设立学生赔偿基金的多渠道补偿救济机制。完善学校伤害事故法律体系，建立健全人身伤害事故赔偿机制，是妥善处置我

国校园体育人身伤害事故的重要手段。要改变以往不合理的司法审判惯例，学校无过错责任则无需承担学生体育伤害损失的赔偿责任，仅按事故伤害程度进行适当的人道主义补偿，切实保障学校体育教育活动的正常开展。解决我国校园体育人身伤害事故的根本出路在于赔偿责任社会化，借助保险分担学生伤害事故风险和分摊学生伤害事故损失，转移学校事故赔偿责任，这应是我国应对校园体育人身伤害事故的主要途径和发展趋势。拓宽校园体育人身伤害事故的赔偿途径，探索建立校园学生伤害赔偿基金、校园体育伤害事故互助基金，是学校解决校园体育人身伤害事故赔偿经费的又一渠道。

第二节　学校应对校园体育人身伤害事故的策略

创建安全的教育教学环境，加强校园安全管理，是各级各类学校义不容辞的责任和义务。针对日益频发的校园体育人身伤害事故，2015 年教育部印发了《学校体育运动风险防控暂行办法》，从学校体育运动风险防控、体育器材采购与管理、教学规范与校内竞赛组织、学生健康管理以及体育安全教育等方面提出了明确的要求。[①] 2019 年，教育部、最高人民法院、最高人民检察院、公安部、司法部五个部门联合印发了《关于完善安全事故处理机制　维护学校教育教学秩序的意见》，《意见》中特别指出，学校要切实树立依法治校、依法办学理念，通过法治思维和法治方式化解矛盾纠纷，不得担心发生安全事故而限制或取消正常的课间活动和校园体育活动。对照学校体育工作中的实践要求，学校体育工作者应该认真地总结、自查与反思，建立健全学校体育工作的安全防控机制。校园安全与每位师生、家长和社会有着密切的关系，正确认识学校在校园体育人身伤害事故中的法律责任性质

---

① 教育部体卫艺司负责人就《学校体育运动风险防控暂行办法》答记者问[EB/OL].(2015-05-28). http://moe.gov.cn/jyb_xwfb/s271/201505/t20150528_188616.html.

及其范围，妥善处理好校园体育人身伤害事故，对于稳定学校教学秩序，促进学生健康成长具有极其重要的意义。要拓宽学生家长、社会参与学校管理和监督的渠道，加强对学生父母或其他监护人的法治宣传，努力促成和谐的家校关系。要切实保障正常的教学秩序，就要把学校维护学生安全的职责上升到法律的高度。面对日益增多的校园体育人身伤害事故，只有加强体育工作管理，积极预防和管控体育伤害事故风险，才能有效降低体育伤害事故的发生比例，为学生的健康成长提供一个安全的教育环境。

要做好我国校园体育运动风险管控，尽量避免校园伤害事故的发生，妥善处置校园体育人身伤害事故，在学校教育实践领域还要从以下几个方面做好工作：

一是建立学校安全工作部门协调机制。各地、各有关部门要加强组织领导与协调配合，在学校安全问题上形成工作合力。地方教育部门应当积极协调建立联席会议等工作制度，对在学校体育工作中的安全问题，学校领导必须高度重视，要真正做到常抓不懈、层层负责。要建立健全学校体育工作安全机制，及时研究解决问题，切实为学校安全办学托底。要通过多种渠道加强安全宣传，健全学校安全事故纠纷协商调解机制，加快成立安全事故处理委员会，强化学校安全事故的预防和处置。

二是学校要加强对学生的安全教育、法治教育和生命健康教育，强化学校管理人员和教师对体育安全的问题意识。教师要经常结合学校、年级或班级等进行的体育活动，通过体育与健康实践课、理论课等指导并提示学生在体育活动中可能存在的安全隐患和注意事项等。学校体育工作中的安全防范措施要广开渠道，加强宣传，通过设置体育知识、安全知识宣传栏和体育锻炼安全提示牌等多种方式加强宣传与教育，特别是身处第一线的体育教师，要经常指导学生做好体育活动的安全防范。

三是要完善学校规章制度建设，严格对体育器材的安全管理，建立体育器材场地安全检查维修制度、学生健康检查及特殊体质登记制度，并将这些制度列入学校教育管理中。学校要定期排查安全隐患，定期进行学校体育场地、设备和器材质量安全的检查维修，及时消除体育运动安全隐患，确保各种体育教育活动在符合安全要求的专业场地进行。学校要建立健全体育场地、器材、设施的管理、检测和维修制度，为学生提供良好的体育活动环境。学校体育各项工作的开展要统筹安排，合理有序使用运动场馆和体育器材，确保学生运动安全。

四是教育管理部门、学校要健全学生体育运动意外伤害保险机制，鼓励家长为学生购买意外伤害保险。有条件的学校要依据保险法的有关规定，积极参加学校责任保险。教育行政部门可以根据实际情况，鼓励学校购买校方无过错责任险，并推动设立学校安全综合险，拓宽学校体育保险覆盖面，加大校园安全保障力度，在尊重学生意愿的前提下，鼓励学生积极投保人身意外伤害保险，并为学生参加意外伤害保险创造便利条件。

第三节　家庭及学生自身应对校园体育人身伤害事故的策略

那些导致严重后果的校园体育人身伤害事故，通常会对学生及其家庭造成极大的伤害和影响。家长是孩子的第一任老师，家长对孩子的安全教育对于其健康成长是非常重要的。

首先，学生家长应在思想上认识到安全在体育活动中的重要性，对学生进行扎实的、多层次的安全教育，让孩子从小养成良好的行为习惯并具备较强的安全意识。我国的《教育法》《义务教育法》《未成年人保护法》和《侵权责任法》均规定学校对未成年学生所负的是教育、管理和保护责任，而不是《民法》意义上的监护责任。因此，学校不是学生的监护人或委托监护人，学校对在校学生只负教育、管理和保护的职责。家长必须依法履行监护人职责，配合学校共同做好对学生的安全教育。家长在日常生活中要时刻教育和引导学生树立“安全第一”的思想意识，并理解和认同体育运动中“甘冒风险”原则的客观存在，要正确看待在体育运动中发生意外伤害事故的责任分担。

其次，家长在教育孩子的过程中要有强烈的安全教育意识，培养孩子包括运动安全在内的人身安全习惯，教给孩子一些常识性的身体活动知识和安全注意事项。教育部在《学生伤害事故处理办法》中明确要求，学校要利用开学教育、校园网络等方式向学生宣讲体育运动的风险知识，提高学生的体育运动风险防范意识。在学生新入学时，向学校、教师提供学生健康状况的真实信息是学生或家长必须履行的义务。由于运动场地器材、学生体能状况等因素的影响，学生在体育运动中发生伤害事故在所难免，意外伤害保险的购买就变得非常重要。学生通过购买保险，可以有效转移风险，获得相应的赔偿，在防范体育活动风险中争取到主动地位。学生家长或者监护人要积极为学生购买意外伤害等保险，为学生积极参与学校体育活动提供保障。

最后，学生自身具备体育运动安全意识是规避运动伤害发生的关键所在，特别是高年级学生及成年的大中专院校学生，应该为自己在参与体育活动中的行为高度负责。学生参与体育运动就认可了体育运动“甘冒风险”的特性，应该意识到自己所参与的体育运动项目的潜在风险，特别是在参与集体性的身体对抗项目时，应该明白自己的不当行为对自己或他人可能造成什么样的后果，在运动当中要学会保护自己，同时避免导致他人受到伤害。学生在体育活动中不遵守纪律，不注意自身的行为，不按教师规定的要求进行锻炼或训练，或故意隐瞒先天性疾病及其他病史等，这些情况下若发生体育伤害事故，学生或未成年人的监护人要承担相应的事故责任。

第四节　体育教师应对校园体育人身伤害事故的策略

广大体育教师是学校体育工作的具体实施者，处在学校体育教育的一线，他们始终面临着学生体育伤害的风险，所以体育教师的责任心和职业操守是有效规避校园体育运动伤害的关键因素。为了维护学校正常的教学秩序，更好地保护学校体育教师的合法权益，培养和提高体育教师的职业素养、安全教育观及急救处置技能显得尤为重要。应对校园学生体育人身伤害，广大体育教师应从以下几个方面做好工作：

一是要强化自身的体育运动安全意识和责任意识，提高对安全问题的认识。体育教师要强化体育教育及体育活动的安全意识，明确自身所肩负的体育活动安全责任，对各种形式的体育运动风险及预防做到心中有数。要把安全教育渗透到日常的体育教学和体育活动中，引起学生对体育伤害事故后果严重性的重视，提高学生在体育活动中的自我防范意识和自我保护能力。此外，体育教师自身要不断加强道德修养和职业素养，不能因害怕发生伤害事故而“因噎废食”，放弃职业操守。在本研究的调查中，75%的体育教师认为在体育教学、运动训练竞赛或组织校园体育活动中应该把学生的安全放在第一位，可见教师对学生在体育活动中的安全意识还是比较高的，具体情况见表 8-1。

表 8-1　在校园体育活动中体育教师认为应该放在第一位的因素调查情况

选项	小计	比例
健康	24	18. 5%
安全	97	74. 6%
掌握运动技能	8	6. 2%
发展体能	1	0. 8%
竞赛成绩	0	0%
本题有效填写人次	130	

二是要增强自身的专业素养、业务能力。体育教师的专业素养包括很多方面，如具备体育专项技能，掌握运动生理学、体育教学规律等理论知识，这样才能够减少工作失误，规避伤害风险。体育教师在组织课堂教学、体育活动及运动训练前，应做到认真备课，事先检查运动场地、体育器材设施等是否存在安全隐患。教师在教学训练中，要严格执行课堂常规和教学训练规范，科学组织教学训练并严格管理课堂秩序，要预知和预判学生活动

中存在的风险，并及时采取相应的防范措施，避免学生发生运动伤害。体育教师的专业素养和业务能力是胜任体育教育工作的必要条件，体育教师良好的专业素养将有效降低伤害事故的发生率。

三是要提高应对和处置伤害事故的能力，最大限度地减小伤害事故的负面影响。在体育活动中一旦出现伤害事故，体育教师要果断采取正确有效的应对措施，尽可能减小对学生的伤害，这就要求体育教师必须具备一定的运动保健知识，尤其是常见的运动损伤及处理方法。此外，体育教师要不断加强学习，清楚体育教师在校园学生体育活动中应该承担的责任和义务；要学习掌握科学的急救知识和技能，具备能够应对突发人身伤害事故的处置能力。一旦遇到体育运动伤害事故，体育教师要积极与学生及其家长进行沟通，不断总结伤害事故的发生原因，最大限度地减少伤害事故对学生和家长的影响。

四是要增强法律意识，维护学校及自身的合法权益。近年来，学生的体育意外伤害事故一直困扰着学校及体育教师，安全事故频繁发生，事故处理、赔偿纠纷不断，甚至家长闹事等现象层出不穷。一些体育教师为了避免发生意外伤害，选择了降低教学难度和减少学生运动量的教学方式，弱化了学校体育教育在培养学生全面发展中的作用。强化教育立法，保护教师的合法权益势在必行。教育管理部门和学校要确立体育教师在教学训练中的“有限责任”，明确教师教学工作是“职务行为”，切实保障和维护广大体育教师的合法权益。

本章小结

本章在理论分析和实践研究的基础上，深入探讨了与我国教育管理体制相一致的校园体育人身伤害事故有效处置的途径和策略，进一步从国家层面、学校层面、家庭及学生自身层面提出应对我国校园学生体育伤害事故的宏观、中观和微观策略与司法政策建议，为妥善处置校园体育人身伤害事故提供可参考的依据。

研究认为，妥善解决校园体育人身伤害事故需要国家立法、政府主导、社会参与、学校和家庭持续发力和作为，共同构筑起校园安宁、学生安全的学习生活环境。国家层面，完善的法律法规是解决我国校园体育人身伤害事故的根本保证。将责任意识与保险机制有机统一，是有效处置校园体育人身伤害事故的重要抓手。我国各地区处理校园体育人身伤害事故的地方性法规，是妥善处置伤害事故的重要补充。因此，要加快完善学校体育保险制度，使我国学校体育保险逐步向法制化、规范化方向发展，探索建立学校体育强制保险模式及学生互助型保险机制，建立政府、学校、学生家庭三方联合承保机制；要完善我国校园体育人身伤害事故的赔偿和救济制度，拓宽赔偿的途径，探索建立校园学生伤害赔偿基金、校园体育人身伤害事故互助基金等救济机制。

学校要建立健全安全工作机制，完善规章制度建设，严格对体育器材的安全管理，建立学生健康检查及学生体质状况登记制度。家长要加强对学生的安全教育，引导学生树立“安全第一”的思想意识，理解和认同体育运动中“甘冒风险”原则的客观存在。学生特别是高年级学生及成年的大中专学生应该为自己在参与体育活动中的行为高度负责，要认可体育运动“甘冒风险”的特性。体育教师要强化体育运动安全意识和责任意识，要增强专业素养，提高应对和处置伤害事故的能力。体育教师要增强法律意识，维护学校及自身的合法权益。学校要确立体育教师在教学训练中的“有限责任”和“职务行为”的工作性质，切实保障和维护广大体育教师的合法权益。

第九章　研究结论和建议及其局限性

一、研究结论

（1）频发的校园体育人身伤害事故成为制约我国学校体育深化改革和良序发展的机制性障碍之一。在校园体育人身伤害事故司法判例中，法院大多没有充分考虑到学校体育的特殊性，判决上加重了学校的责任分量。我国校园体育人身伤害事故处置存在的问题与瓶颈在于校园体育人身伤害事故的责任归属存争议、伤害事故的保障体系建设滞后，以及伤害事故的损害赔偿责任不清晰三个主要方面。

（2）责任归属的准确判断是处置校园体育人身伤害事故的核心问题和主要难点。我国现行法律对校园体育人身伤害事故的处置和责任认定缺乏具体明确的规定，审判实务中各地法院的判决和处理并不统一，尤其是在学校是否承担责任问题上争议不断。在解决我国校园体育人身伤害事故时，现阶段存在着制度供给与现实需求不平衡、司法资源配置与风险规避不适应两个方面的主要矛盾。

（3）针对校园体育人身伤害事故，发达国家法律法规明确界定了相关各方的法律职责和责任范围，对事故的处理都有专门的法律规定和保护机制，并建立了以国家或自治体等为赔偿主体的赔偿救济制度。发达国家的体育保险全面覆盖了校园体育运动，对于规避学校体育教育的事故风险有着不可或缺的作用。

（4）我国处置校园体育人身伤害事故主要以过错责任为主，公平责任为辅。在学校和学生均无过错的情况下，学校和学生依据公平原则分担责任，在一定程度上扩大了学校的责任。在免责抗辩上，我国法律缺乏体育伤害事故免责条款，无形中限制了学校体育运动活动的广泛开展，不利于学生身心的健康发展。

（5）体育运动风险一直是校园风险中的主要风险源之一。在校园体育人身伤害的主要风险因素中，体育教师方面引发的风险较大，其次是学生，然后是学校管理，最后是场地、设施、器材等。校园体育人身伤害事故的风险管理流程可分为风险识别、风险评估、风险决策和风险监控四个主要阶段。校园体育人身伤害事故风险防控需要建立健全学校安全管理制度和规定，构建起多维一体的校园体育人身伤害事故风险防范体系。

（6）目前，我国还没有直接规范校园体育人身伤害的法律法规，校园体育人身伤害事故在司法实践领域中的矛盾也日益突出。我国《民法通则》和《侵权责任法》是目前处理学校体育伤害事故中主要引用的法律。我国《侵权责任法》的出台为校园体育人身伤害事故纠纷的处理与解决提供了坚实的法律依据。《学生伤害事故处理办法》等部门规章，在执行力和适用性方面无法达到法律法规的要求和效果，在司法实践中只能作为参考，不能作为法律依据。

（7）在我国，学校不是学生的监护人或委托监护人，学校与学生之间的法律关系是教育、管理和保护的关系。我国校园体育人身伤害事故归责原则主要有过错责任原则、公平责任原则和无过错责任原则，主体是否具有过错是确定责任归结和责任承担的主要依据之一。当前，我国校园体育人身伤害事故中公平责任原则的强化适用，是对过错责任原则的一种弱化。

（8）我国《民法通则》和《侵权责任法》并未将“甘冒风险”原则作为体育运动伤害事故的主要抗辩事由，“都没有过错的，根据实际情况，分担责任或损失”的规定是对人们参与体育活动“甘冒风险”原则的无视和弱化。如果学校不存在过错，在当下既定的司法裁判倾向下，责任分担的思路往往是法官的第一选择，造成学校责任畸重，学校对体育伤害承担了过重的风险，这有悖于法理，与“公平、公正”的法治精神相悖。

（9）我国校园体育人身伤害事故的应对机制主要包括风险管理机制、法律机制、赔偿机制、保险机制和救济机制等。在校园体育人身伤害事故司法案例中，免责不免赔的现象较为严重。法律机制是一种高效解决校园体育人身伤害事故纠纷的方法。建立健全校园体育人身伤害事故赔偿机制，是妥善处置我国校园体育人身伤害事故的重要手段。解决我国校园体育人身伤害事故的根本出路在于赔偿责任社会化。借助保险分担学生伤害事故风险，分摊学生伤害事故损失，是我国应对学生伤害事故的主要途径和主流趋势。

（10）我国学校体育保险的发展比较滞后，保险意识比较薄弱，保险制度还不够完善。要探索建立学校体育强制保险模式和学生互助型体育保险体系，建立政府、学校、学生家庭三方联合的承保机制。我国校园体育人身伤害事故法律救济制度不够健全，校园体育人身伤害事故采用和解或内部调解居多，司法诉讼较少，要加快建立妥善解决校园体育人身伤害事故的内外结合的多元化救济机制。

二、研究建议

（1）对学校体育进行有效的风险管理，是学校体育活动正常开展和学生健康成长的重要保障。校园体育人身伤害事故风险管理的最优理念就是要有效预防风险的发生。各级各类学校要树立预防为先的理念，建立健全学校体育运动安全风险管理机制。校园体育人身伤害事故风险防范体系的构建不仅需要学校、体育教师和学生的积极参与，更需要教育主管部门、公安、卫生、消防等政府职能部门的共同行动，同时也离不开社会力量的参与，这样才能构建起多维一体的校园体育人身伤害事故风险防范体系。

（2）要依法裁决学校安全事故侵权责任，明确划分责任和管理职责。校园体育人身伤害事故归责要以适用过错责任原则为主，以适用公平责任原则为补充，要坚决避免公平责任原则的过度使用。建议法律上在使用无过错原则时的表述改为“都没有过错的，由当事方基于人道主义采取自愿原则给予一定补偿”。

（3）要提高学校、学生及学生家长的保险意识，大力发展体育保险中介，逐步完善保险法律法规，建立政府、学校、学生家庭三方联合的承保机制。要探索建立学生意外伤害事故仲裁机制，以及妥善处置校园体育人身伤害事故的内外结合的多元化救济机制。建议当事各方尽量通过司法诉讼方式高效解决校园体育人身伤害事故纠纷，各级法院要便利诉讼渠道，积极开展诉讼调解和裁判。

（4）建议国家出台具有针对性的校园体育人身伤害事故司法解释，对责任划分及后续赔偿等敏感问题做出明确的规定，以利于妥善解决包括体育课在内的校园伤害事故。妥善解决校园体育人身伤害事故，关键在于各级法院、法官对现行法律、法规归责原则的准确理解和把握，减少对“公平责任原则”的过度使用。建议赋予《学生伤害事故处理办法》更高的法律地位，将其作为处置校园体育人身伤害事故的重要依据。

（5）妥善解决校园体育人身伤害事故需要国家立法、政府主导、社会参与、学校和家庭持续发力和作为。国家层面，完善的法律法规是解决我国校园体育人身伤害事故的根本保证。将责任意识与保险机制有机统一，是有效处置校园体育人身伤害事故的重要抓手。要加快完善学校体育保险制度，推动建立政府、社会、市场、家庭共同参与的多元化风险分担机制。要不断完善我国校园体育人身伤害事故的赔偿和救济制度，拓宽赔偿的渠道，探索建立校园学生伤害赔偿基金、校园体育伤害事故互助基金等救济机制。

（6）要建立健全学校安全工作机制，推动学校建立专业化的安全事故处理委员会，建立联席会议等工作制度。学校要加强学生的安全教育、法治教育和生命健康教育。要引导理解和认同体育运动中“甘冒风险”原则的客观存在，建议在今后的相关立法中将“甘冒风险”作为抗辩事由纳入法律条款。

（7）要坚决避免超越法律规定的责任边界，片面加重学校的责任和负担。要杜绝学校不顾法律原则的“花钱买平安”现象。公安机关要及时制止“校闹”行为，依法惩处“校闹”人员。要建立联合惩戒机制，对实施“校闹”、聚众扰乱校园秩序的人员实施惩戒，严厉打击涉及“校闹”的犯罪行为，维护和保障学校的合法权益与教学秩序。

三、研究的局限性

（1）研究涉及敏感的法律问题，必然造成研究者对相关法律条文内涵把握不准。在分析校园体育人身伤害问题时存在着认知上的偏差，再加上研究团队成员都是学校教师，在事理分析上大都站在学校、体育教师的立场和角度看待问题，在一定程度上存在着维护学校和教师权益的倾向，研究提出的观点和意见在学生及其家长看来存在着些许的不足和偏颇，使得研究的说服力方面存在着局限。

（2）现实社会中个人追求利益最大化的诉求与客观事实间在认识上的差距，以及现在大多数独生子女身上承载着的家庭亲情之重和社会代际传承功能之巨，导致校园体育人身伤害问题变得敏感而复杂。再加上我国幅员辽阔，地域差异较大、城乡发展不平衡等客观现实，在宏观上很难准确把握校园体育人身伤害事故各当事方的权益诉求，增加了研究难度，研究存在一定的局限性。

（3）在我国，体育运动的特有属性“甘冒风险”原则并没有被各级法院法官、学生及其家长所认可和接受，这为校园体育人身伤害事故的合法、合理处置增加了障碍，使得本研究只能局限于我国现行的法律法规下进行分析。此外，本研究调查仅限于体育教师和学生，并没有对广大学生家长进行调查，在调查研究上难以真正掌握广大学生家长的真实想法和感受，从而使研究存在一些局限和遗憾。

参考文献

[1] 王菁，于善旭．体育伤害事故阻滞学校体育正常开展久治不果的致因与治理［J］．首都体育学院学报，2014，26（5）：420-427．

[2] 韩衍杰．论学校在体育伤害事故中的法律责任［J］．政法论丛，2009（2）：89-93．

[3] 段荣芳．体育运动伤害赔偿责任基本问题研究［J］．体育与科学，2011，32（2）：34-37．

[4] Morrongiello B A，Cusimano M，Orr E，et al. School-age children's safety attitudes，cognitions，knowledge，and injury experiences：how do these relate to their safety practices？［J］. Injury Prevention，2008，14（3）：176-179．

[5] 教育部政策研究与法制建设司．学生伤害事故处理办法释义及实用指南［M］．北京：中国青年出版社，2002．

[6] 杨立新．侵权法论［M］．3版．北京：人民法院出版社，2005．

[7] 范愉．纠纷解决的理论与实践［M］．北京：清华大学出版社，2007．

[8] 方益权．学生伤害事故赔偿：以相关司法解释和法规规章为中心［M］．北京：人民法院出版社，2005．

[9] 郝光安，王东敏．体育伤害事故案例解读［M］．北京：高等教育出版社，2010．

[10] 周爱光．日本学校体育保险的法律基础［J］．体育学刊，2005，12（1）：8-10．

[11] 汤卫东. 侵权法视角下体育运动中的人身损害责任探析[J]. 体育科学，2014，34（1）：34-40.
[12] 王小平. 学校体育伤害事故的法律对策研究［M］. 北京：中国政法大学出版社，2012.
[13] 王利明. 侵权行为法归责原则研究［M］. 北京：中国政法大学出版社，2003.
[14] 张新宝. 侵权责任法原理［M］. 北京：中国人民大学出版社，2005.
[15] 湛中乐. 教师权利及其法律保障［M］. 北京：中国法制出版社，2015.
[16] 黄明东. 高校学生与高校之间法律争议解决机制研究［M］. 北京：人民教育出版社，2015.
[17] 姬新江. 教育机构侵权责任研究［M］. 北京：中国政法大学出版社，2015.
[18] 方益权，毛毅坚，谢丽珍. 校园侵权法律问题研究［M］. 北京：法律出版社，2008.

附　录

附录 A　校园体育人身伤害事故的风险管理与法律应对机制调查问卷（学生卷）

亲爱的同学：

您好！

我们正在进行 2015 年度国家社科基金项目《校园体育人身伤害事故的风险管理与法律应对机制研究》的研究任务，现就我国校园体育人身伤害事故涉及的相关问题向您做问卷调查，您的意见及对调查内容的如实填写，将使本研究更具有价值，研究成果可为政府管理部门决策提供依据。

我们的调查不涉及您的姓名，您所选的答案无对错之分，调查结果只用于研究，请在您认为合适的答案序号上画"√"，多选题会有注明。非常感谢您的支持与配合！

我国法律对"学校体育伤害事故"的界定是：学校体育伤害事故是指在学校组织实施的校内外体育活动（包括体育课、课外体育活动、体育竞赛和课余体育训练），以及在学校负有管理责任的体育场、馆和其他体育教育教学设施内发生的，造成在校学生人身伤害后果的事故。

1. 你的基本情况：

年龄____________性别____________

你目前就读于（A. 小学；B. 初中；C. 高中；D. 中职院校；E. 高职院校；F. 大学），请划"√"

说明：以下2~14题为单选题

2. 你是否了解“校园体育人身伤害事故”这一现象？（　　）

A. 非常了解　　B. 基本了解

C. 不了解　　D. 说不清楚

3. 根据你的了解，你所在的学校是否发生过较为严重的体育人身伤害事故？（　　）

A. 发生过　　B. 没发生过

C. 不太了解

4. 学校对你们进行过专门的体育安全教育吗？（　　）

A. 经常进行　　B. 偶尔进行

C. 没有进行过

5. 学校体育教师对你们进行过体育安全教育吗？（　　）

A. 经常进行　　B. 偶尔进行

C. 没有进行过

6. 体育教师在教学中有没有向你们传授过自我保护的方法？（　　）

A. 经常传授　　B. 有时传授

C. 很少传授　　D. 没有传授过

7. 你在参加体育活动时是否做准备活动？（　　）

A. 每次都认真做　　B. 偶尔会做

C. 从来不做

8. 在进行体育活动中，你会有自我保护的意识吗？（　　）

A. 会有　　B. 偶尔会有

C. 从来没有　　D. 说不清楚

9. 在学校参加体育活动时，你是否会意识到一些身体活动潜在的危险性？（　　）

A. 能意识到　　B. 偶尔会意识到

C. 意识不到　　D. 说不清楚

10. 你在参与学校体育活动时是否发生过运动损伤或运动伤

害事故？（ ）

A. 发生过　　B. 没发生过

C. 记不清了

11. 如果你在参与学校体育活动时发生过运动损伤或运动伤害事故，严重程度是（ ）

A. 非常严重　　B. 比较严重

C. 一般　　D. 不严重

E. 一般性损伤

12. 就你所了解的体育人身伤害事故，最终都得到妥善处理了吗？（ ）

A. 都能得到妥善处理　　B. 大多数得到妥善处理

C. 少数得到妥善处理　　D. 都没有得到妥善处理

13. 当你听说身边的同学有发生体育伤害事故时，会影响你参与体育运动的热情吗？（ ）

A. 不会影响　　B. 会影响一点，但不是太大

C. 影响很大　　D. 说不清楚

14. 根据你的了解，你所在的学校体育场地和器材是否存在着安全隐患？（ ）

A. 存在较大安全隐患　　B. 存在隐患但不大

C. 不存在安全隐患　　D. 说不清楚

15. 如果学生在体育课堂中发生较为严重的伤害事故，你认为下列哪方应该承担责任？（ ）（可多选）

A. 学生自身　　B. 致害人

C. 体育教师　　D. 学校

E. 学生家长

16. 如果学生在学校组织的运动训练或竞赛中发生较为严重的伤害事故，你认为下列哪方应该承担责任？（ ）（可多选）

A. 学生自身　　B. 致害人

C. 体育教师　　D. 学校

E. 学生家长

17. 如果学生在学校课外活动中自行参与体育运动时发生较为严重的伤害事故，你认为下列哪方应该承担责任？（　　）（可多选）

A. 学生自身　　B. 致害人

C. 体育教师　　D. 学校

E. 学生家长

18. 你对妥善处置校园学生体育人身伤害事故的建议是_____

____

附录 B　校园体育人身伤害事故的风险管理与法律应对机制调查问卷（体育教师卷）

尊敬的先生/女士：

您好！

我们正在进行 2015 年度国家社科基金项目《校园体育人身伤害事故的风险管理与法律应对机制研究》的研究任务，现就我国校园体育人身伤害事故涉及的相关问题向您做问卷调查，您的意见及对调查内容的如实填写，将使本研究更具有价值，研究成果可为政府管理部门决策提供依据。

我们的调查不涉及您的姓名，您所选的答案无对错之分，调查结果只用于研究，请在您认为合适的答案序号上画“√”，多选题会有注明。非常感谢您的支持与配合！

我国法律对“学校体育伤害事故”的界定是：学校体育伤害事故是指在学校组织实施的校内外体育活动（包括体育课、课外体育活动、体育竞赛和课余体育训练），以及在学校负有管理责任的体育场、馆和其他体育教育教学设施内发生的，造成在校学生人身伤害后果的事故。

1. 您的年龄___________性别___________职称___________学历___________从事体育教学年限___________

您目前执教于（A. 小学；B 初中；C. 高中；D. 中职院校；E. 高职院校；F. 大学）请划“√”

2. 您对“校园体育人身伤害事故”这一现象的了解程度是？（　）

A. 非常了解　　B. 基本了解

C. 不了解　　D. 说不清楚

3. 您所在的学校是否发生过您认为比较严重的体育人身伤害

事故？（　　）

A．发生过　　　　　　　　B．没发生过

C．不太了解

4. 在体育教学、运动训练竞赛或组织校园体育活动中，是否发生过您认为比较严重的体育人身伤害事故？（　　）

A．发生过　　　　　　　　B．没发生过

C．说不清楚

5. 如果您在体育教学、运动训练竞赛或组织校园体育活动中学生发生过运动损伤或运动伤害事故，其严重程度是（　　）

A．非常严重　　　　　　　B．比较严重

C．一般　　　　　　　　　D．不严重

E．一般性损伤

6. 学校及上级有关部门对你们体育教师进行过专门的体育安全教育和培训吗？（　　）

A．经常进行　　　　　　　B．偶尔进行

C．没有进行过

7. 您在体育教学、运动训练竞赛或组织校园体育活动中是否会让学生在运动前做准备活动？（　　）

A．每次都认真做　　　　　B．偶尔会做

C．从来不做

8. 您对于预防学生在运动中的人身伤害事故的发生是否有足够的重视？（　　）

A．非常重视　　　　　　　B．比较重视

C．重视　　　　　　　　　D．不太重视

E．不重视

9. 您在体育教学、运动训练竞赛或组织校园体育活动前是否会检查场地器材？（　　）

A．每次都检查　　　　　　B．偶尔会检查

C．从不检查

10. 您认为在体育教学、运动训练竞赛或组织校园体育活动

中应该把学生的哪个方面放在第一位？（　　）

A. 健康　　B. 安全

C. 掌握运动技能　　D. 发展体能

E. 竞赛成绩

11. 就你所了解的体育人身伤害事故，最终都得到妥善处理了吗？（　　）

A. 都能得到妥善处理　　B. 大多数得到妥善处理

C. 少数得到妥善处理　　D. 都没有得到妥善处理

12. 校园体育人身伤害事故的发生会影响您对体育教学、训练竞赛的积极性吗？（　　）

A. 不会影响　　B. 会影响一点，但不是太大

C. 影响很大　　D. 说不清楚

13. 您在体育教学、运动训练竞赛或组织校园体育活动中是否担心发生体育人身伤害事故？（　　）

A. 不会担心　　B. 会担心一点，但不是太大

C. 非常担心　　D. 说不清楚

14. 在体育教学、运动训练竞赛或组织校园体育活动中，如果学生发生较为严重的体育人身伤害事故，您觉得会对您个人造成不利影响吗？（　　）

A. 肯定会　　B. 也许会，也许不会

C. 不会　　D. 说不清楚

15. 您会因担心发生较为严重的学生体育伤害事故而改变您的教学内容和练习强度吗？（　　）

A. 肯定会　　B. 也许会，也许不会

C. 不会　　D. 说不清楚

16. 您所在的学校体育场地和器材是否存在安全隐患？（　　）

A. 存在较大安全隐患　　B. 存在隐患但不大

C. 不存在安全隐患　　D. 说不清楚

17. 如果学生在体育课堂中发生较为严重的伤害事故，您认

为下列哪方应该承担责任？（　　）（可多选）

A．学生自身　　B．致害人

C．体育教师　　D．学校

E．学生家长

18. 如果学生在学校组织的运动训练或竞赛中发生较为严重的伤害事故，您认为下列哪方应该承担责任？（　　）（可多选）

A．学生自身　　B．致害人

C．体育教师　　D．学校

E．学生家长

19. 如果学生在学校课外活动中自行参与体育运动时发生较为严重的伤害事故，您认为下列哪方应该承担责任？（　　）（可多选）

A．学生自身　　B．致害人

C．体育教师　　D．学校

E．学生家长

20. 您对妥善处置校园学生体育人身伤害事故的建议是_____

____

再次感谢您的支持与帮助！

附录C　调查问卷效度专家评价表

尊敬的专家：

您好！

感谢您能在百忙之中对我们的调查问卷的指导，您的宝贵意见将对本研究有着极为重要的帮助，恳请您对这份调查问卷的有效性进行评定。

您的姓名__________职称__________学历__________研究领域________________

课题简介

题目：校园体育人身伤害事故的风险管理与法律应对机制研究

目前，我国教育法治建设相对滞后，在校园体育人身伤害及侵权问题上，相关法律法规缺失，校园体育人身伤害在司法实践领域中的矛盾也日益突出。频频发生的校园体育人身伤害事故在一定程度上是对各级学校体育工作的弱化，给广大一线体育教师造成心理忧虑和负担。一些体育教师在教学中消极应对，以牺牲正常的教学为代价来避免伤害事故的发生，直接影响了体育教学质量，导致原本不受重视的学校体育更加趋于边缘化，这与国家增强青少年体质健康、推进素质教育的方针背道而驰。学校担心体育伤害事故带来沉重的压力和负担，致使体育教师在教学中消极应对，体育课在许多学校被空心化和虚无化。由此可见，尽快建立和完善我国校园体育人身伤害事故的风险管控与应对机制，预防和减少校园体育人身伤害事故风险，可以有效纾解长期萦绕在学校和体育教师心头的忧虑和畏惧，是当前亟待解决的重要问题。本研究有助于推进我国教育法治化进程，为国家在该领域立法提供前期研究准备，为管理部门制定政策提供研究支持和咨询服务，具有重要的学术价值和实践应用价值。

研究的主要内容：

1. 梳理风险管理理论的内涵、主旨思想、内容体系、理论工具运用等基础性理论问题，依据现行相关法律、法规界定“校园体育伤害”“学生体育风险”“法律应对机制”等重要的研究概念。

2. 分析我国校园体育人身伤害事故发生的致因、类型及社会负效应等问题，识别和评估校园学生体育活动的安全风险，探索建立校园体育人身伤害事故的风险防范与管控体系，构建处置校园体育人身伤害事故的理论分析框架。

3. 考证我国校园体育人身伤害事故的处置变迁，以及不同时期的处置方式方法，分析我国校园体育人身伤害事故处置的实际状况与问题所在，探究影响和制约我国校园体育人身伤害事故得以有效处置的深层主客观因素。

4. 分析美国、德国、日本等发达国家处置校园体育人身伤害事故的做法与策略，展开与发达国家校园体育人身伤害事故处置的比较研究。

5. 分析我国校园体育人身伤害事故适用的法律依据、归责原则与赔偿机制等法律问题，探索我国校园体育人身伤害事故得以有效处置的法制措施、保险保障、赔偿救助等实效运作机制。

6. 探讨与我国教育管理体制相一致的校园体育人身伤害事故有效处置的途径和策略，从宏观、中观和微观三个层面提出应对我国校园体育人身伤害事故的策略与司法政策建议。

请您在阅读两份问卷之后，把您的宝贵意见与建议分别填写在以下相应的空格内。

1. 您对本问卷各项在反映调查内容方面的评价是：

非常合适（　　）合适（　　）基本合适（　　）不合适（　　）很不合适（　　）

2. 您对本问卷结构设计的评价是：

非常合适（　　）合适（　　）基本合适（　　）不合适（　　）很不合适（　　）

3. 您对本问卷整体设计的评价是：

非常合适（　　）合适（　　）基本合适（　　）不合适（　　）很不合适（　　）

您认为哪些内容需要增删或更改，敬请指正：

____

____

____

再次感谢您的支持与帮助！

联系电话______________

通讯地址______________

附录 D　校园体育人身伤害事故的风险管理与法律应对机制研究访谈提纲

尊敬的先生/女士：

您好！

作为我国教育界、体育界知名的专家、学者，您对我国学校体育领域研究方面均有自己独到的理解和建树。现就本人承担的 2015 年国家社科基金项目《校园体育人身伤害事故的风险管理与法律应对机制研究》相关问题诚恳地向您请教，您对本项研究当中一些问题的意见和看法将对本论文的研究价值具有很重要的指导意义，因此向您表示真诚地感谢！

课题简介：

目前，我国各级各类学校频频发生的体育人身伤害事故不仅影响了学校体育工作，而且严重束缚了体育教师的手脚，直接影响了体育教学质量，这与国家增强青少年体质健康、推进素质教育的方针背道而驰。学校担心/担忧体育伤害事故带来沉重的压力和负担，致使体育教师在教学中消极应对，体育课在许多学校被空心化和虚无化。由此可见，尽快建立和完善我国校园体育人身伤害事故的风险管控与应对机制，预防和减少校园体育人身伤害事故风险，可以有效纾解长期萦绕在学校和体育教师心头的忧虑和畏惧，是当前亟待解决的重要问题。校园伤害事故只有在法治的轨道上才能得以妥善处置，这就要求必须从法学、管理学和社会学等视角全方位考量校园体育人身伤害事故中各方的抗辩事由，以消解学校和教师在工作中的担忧，为最终妥善处置校园体育人身伤害事故提供充分的法理依据。本研究有助于推进我国教育法治化进程，为国家在该领域立法提供前期研究准备，为管理部门制定政策提供研究支持和咨询服务，具有重要的学术价值和实践价值。

专家访谈提纲：

1. 您了解我国各级各类学校经常发生的体育运动人身伤害事故吗？请就这一问题谈一下您的看法。

2. 对于那些较为严重的校园体育人身伤害事故，您认为学校应该在哪些方面进行防范和管理？

3. 每年的学生体质健康测试，全国各地常会有学生在跑步过程中发生意外伤亡事故，请就这一问题谈谈您的看法。

4. 发生较为严重的校园体育人身伤害事故后，部分学生家长往往会对学校提出过高的赔偿诉求，您如何看待这种现象？

5. 面对日益频发的校园体育人身伤害事故，您认为学校和教师应该在哪些方面进行加强和改进？

6. 针对校园体育人身伤害事故，您认为学生及其家长应该在哪些方面进行加强和改进？

7. 您对一些学校因害怕发生运动意外伤害事故而刻意减少学生的体育活动时间，或者取消一些危险性较高的（比如长距离跑步等）运动项目的做法是否认同？请谈谈您的看法。

8. 您是否认为体育教师是一个高危职业？面对发生在体育课堂、比赛中的体育人身伤害事故，您认为体育教师应该如何应对？

9. 就您了解的情况而言，您认为目前我国在处置校园体育人身伤害事故的法律法规方面存在哪些不足之处，哪些方面需要进一步完善和改进？

10. 从您掌握的法律知识来看，您认为我国学校与在校学习的学生之间的法律关系是什么？关于“学校既不是学生的监护人，也不是学生的委托监护人，学校与学生之间的法律关系是教育、管理和保护的关系”的认识，请谈谈您的看法。

11. 对于那些较为严重的校园体育人身伤害事故，甚至造成学生意外身亡的事故，关于如何处置的问题，请谈谈您的看法。

12. 针对校园体育人身伤害事故，您认为国家层面应该在哪些方面采取措施来应对伤害事故对学校体育工作造成的负面影响？

后 记

近年来，校园体育人身伤害事故日益受到我国社会各界的关注，它所带来的影响已经超出了学校教育的范围，演变成了一个社会问题，也成为我国教育发展中的难点和痛点之一。目前，我国教育法治建设相对滞后，在校园体育人身伤害及侵权问题上，相关法律法规缺失，校园体育人身伤害事故在司法实践领域中的矛盾也日益突出。频频发生的校园体育人身伤害事故不仅影响了学校的体育工作，而且严重束缚了体育教师的手脚，直接降低了体育教学质量，这与国家增强青少年体质健康、推进素质教育的方针背道而驰。本书针对我国校园体育人身伤害事故频发的社会热点问题，全面分析了我国校园体育人身伤害事故的风险识别、评估与管理问题，并从法律和法理的角度对校园体育人身伤害事故的认定、归责、处理等方面进行了深入研究，探索建立了一套行之有效的预防和处置我国校园体育人身伤害事故的风险管理体系和法律应对机制。在课题组全体成员的努力下，经过近四年的研究探讨及调研访谈，结合专家意见字斟句酌地反复修改，最终完成了本书的研究任务，期望研究成果能为妥善解决频频发生的校园体育人身伤害事故提供参考依据和实践指导。

特别需要指出的是，在完成课题研究并计划出版研究成果之际，2020 年 5 月 28 日，十三届全国人大三次会议通过了《中华人民共和国民法典》，自 2021 年 1 月 1 日起施行，这是新中国第一部以法典命名的法律，在法律体系中居于基础性的地位，这也是市场经济的基本法。《中华人民共和国民法典》在 2021 年 1 月 1 日施行后，现行的《民法通则》《侵权责任法》《民法总则》等

9 部民事单行法将同时废止。本书研究中涉及的《民法通则》《侵权责任法》的相关条款并不是废止，而是优化整合到了《中华人民共和国民法典》中。

正如本书研究建议所期盼的，2021 年起施行的《中华人民共和国民法典》首次将“甘冒风险”原则作为抗辩事由写入法律条款中。《中华人民共和国民法典》第 1176 条规定：自愿参加具有一定风险的文体活动，因其他参加者的行为受到损害的，受害人不得请求其他参加者承担侵权责任，但是其他参加者对损害的发生有故意或者重大过失的除外。“甘冒风险”原则入法厘清了文体活动中出现意外的各方责任的法律范围，是我国在保护运动参与者合法权益领域法治建设的巨大进步。在人们参与体育运动的过程中，风险自负更能体现出“公平、公正”的法治精神，显得更为公平。“甘冒风险”原则的新规定，填补了我国法律在该领域的空白，为今后的司法实践确立了民事侵权行为免责的法定事由，为妥善解决我国各类体育运动中发生的人身伤害事故提供了重要的法律依据，为积极参与体育运动的人们免去了后顾之忧，同时保障了人们在运动中的合法权益。

在课题研究过程中，相关专家、学者和领导对课题的研究给予了高度的关注和支持，并提出了许多宝贵的意见。在此，课题组全体成员对接受研究访谈、问卷调查的专家、领导、体育教师，以及接受问卷调查的学生等致以衷心的感谢！感谢课题组成员在研究过程中付出的心血和努力！同时也感谢所有参与本研究立项、鉴定、评审的各位领导、专家和学者！

本书研究过程中参考了大量的国内外资料，引用了一些专家学者的文献和数据，因限于篇幅，未能一一注明，在此向著作者深表谢忱！本书虽已完成，但由于研究水平所限，在科研探索路上所提出的有些观点未必成熟，还有许多问题需要进一步深入研究和探讨，研究存有的不足之处敬请广大专家、学者和读者朋友批评指正，不吝赐教。